LA COMPARAISON DE PLATON ET D'ARISTOTE

AVEC LES SENTIMENS
des Peres sur leur Doctrine,

ET QVELQVES REFLEXIONS
Chrestiennes.

A PARIS,
Chez C. BARBIN, au Palais, sur le second Perron
de la sainte Chapelle,
ET
Chez F. MUGUET, Imprimeur du Roy & de M.
l'Archevesq. ruë de la Harpe, aux trois Rois.

M DC LXXI.
Avec Privilege du Roy.

A MONSEIGNEUR
LE PREMIER
PRESIDENT.

ONSEIGNEVR,

Je vous presente un Ouvrage, où vous devés prendre quelque interest : puisque c'est

ã ij

EPISTRE.

vous qui m'en avés donné le dessein. Il ne convient à personne mieux qu'à vous, parce qu'il traite des deux plus sçavans hommes qui ayent jamais esté. Vous y aurés mesme de quoy satisfaire cette pieté si solide, qui est le caractere de vostre Maison, & ce zele si pur que vous avés pour la Religion: puisque vous y trouverés les sentimens des Peres sur la doctrine des deux Philosophes dont je parle, & que vous y verrés l'usage que les premiers Chrétiens ont fait de la Philosophie pour l'établissement de la Foy. Outre ces raisons il y en a encore une plus particuliere, qui m'oblige à vous faire ce present:

EPISTRE.

car pour apprendre au public à juger comme il faut de Platon & d'Aristote, je ne dis que ce que vous en pensés : & je regle autant que je puis mes sentimens sur les vostres, pour donner plus de poids à ce que je dis.

C'est, Monseigneur, le troisiéme volume des Ouvrages que j'ay faits sur les matieres que vous avés proposées vous-mesme, en cette illustre Assemblée de Sçavans, qui se tient toutes les semaines dans vostre maison: C'est là, Monseigneur, où l'on ne vous voit jamais, que l'on ne vous trouve plus grand que par tout ailleurs : quoy

EPISTRE.

que, pour vous familiariser davantage avec les Sçavans, vous ayés coûtume de vous dépoüiller de toutes les marques de vostre Grandeur. Le Public sçait assés que vous rendés la justice avec plus d'integrité & d'application qu'elle n'a jamais esté renduë dans le premier Tribunal du Royaume: & qu'on y examine les affaires sous vos lumieres avec la mesme équité & la mesme rigueur, que s'il n'y avoit plus d'interests ny de passions dans le monde. Toute la France connoist cette éloquence si pure, si juste, si puissante, qui vous rend le maître des cœurs, dés que vous parlés. Mais tout le monde ne

EPISTRE.

sçait pas combien vous estes admirable dans ces Conferences sçavantes : où l'on traite par vos ordres & en vostre presence les plus importantes matieres des sciences & des belles lettres. C'est là, MONSEIGNEUR, qu'aprés des journées entieres d'une application incroyable aux fonctions de vostre Charge, vostre esprit reprend de nouvelles forces, & penetre toûjours plus avant que les autres dans les sujets que l'on y traite. C'est là que les questions les plus difficiles deviennent claires & intelligibles dés que vous parlés : & de quelque matiere qu'on parle vostre genie va toûjours au de-

EPISTRE.

là de ce que les autres en ont pensé : neanmoins vous y ménagés vos lumieres avec tant de modestie, qu'on se laisse vaincre & instruire avec plaisir. C'est là enfin, MONSEIGNEUR, que vous fournissés souvent d'une seule parole des matieres tres-amples de parler : que vous éclaircissés ce qu'il y a d'obscur & d'embarassé dans les sciences : que vos reflexions les plus subites & les moins preparées valent mieux que les meditations les plus profondes des autres : que vous aprenés aux sages de nouvelles maximes de sagesse, & vous donnés des leçons aux plus Sçavans. Mais ce qui me

EPISTRE.

surprend encore plus, c'est que vous y faites vostre divertissement, de ce qui seroit une occupation penible à d'autres, & que vous vous y delassés l'esprit de ce qui fatigueroit les plus appliqués & les plus laborieux.

J'en dirois peut-estre davantage, MONSEIGNEUR, si je vous connoissois moins. Mais après tout je n'en dirois jamais assez pour satisfaire à mon zele, & au desir ardent que j'ay de découvrir de plus en plus un merite qu'aussi-bien vous ne pouvés cacher: & dont la connoissance pourroit estre plus avantageuse à nostre siecle, que celle du merite de Platon & d'Aristote. Car ce

EPISTRE.

feroit une instruction publique, que de proposer l'exemple d'une vertu jointe à une aussi grande capacité qu'est la vostre, pour servir de modele à toute la terre. Vous devés souffrir ce zele, Monseigneur, pour l'interest de mon Ouvrage, qui peut devenir utile au public; quand l'éclat de vostre Nom aura purifié ce qu'il y a de profane. C'est le premier fruit que j'espere tirer de l'approbation que vous y donnerés, Monseigneur: l'Histoire que je fais de toute la Philosophie ancienne en expliquant la doctrine de Platon & d'Aristote, pourra peut-estre servir à regler nos mœurs,

EPISTRE,

quand elle aura esté autorisée par la protection du plus vertueux & du plus sçavant Magistrat du Royaume. Vous ne devés pas me la refuser & je la merite par le dévoüement avec lequel je suis,

MONSEIGNEUR,

Vostre tres-humble, tres-obeïssant serviteur R.

Extrait du Privilege du Roy.

PAR grace & Privilege du Roy, Signé, D'ALENCE'. Il est permis à R. de faire imprimer un livre intitulé, *Un Discours touchant la Comparaison de Platon & d'Aristote*, par tel Imprimeur ou Libraire qu'il voudra choisir : & défenses sont faites à tous autres, de quelque qualité & condition qu'ils soient, d'imprimer ou faire imprimer, vendre ny debiter ledit livre, sans le consentement dudit Exposant, à peine de l'amende portée par ledit Privilege. Donné à Paris le 5. Mars 1671.

Et ledit Exposant a cedé son droit de Privilege à Claude Barbin & François Muguet, Marchands Libraires, pour en joüir pendant le temps porté par iceluy, suivant l'accord fait entr'eux.

Achevé d'imprimer pour la premiere fois le 16. May 1671.

Les Exemplaires ont esté fournis.

Regiſtré ſur le Livre de la Communauté, le 4. May 1671. *Signé*, L. SEVESTRE, Syndic.

Parmy les fautes survenuës en l'impression.

Page 46. ligne 19. *lisés*, fut pris par son maistre, page 117. ligne 25. *ajoûtés* seconde, *retranchés dans la ligne suivante*, Theologie. *Les intelligens pourront suppléer au reste.*

AVERTISSEMENT.

JAMAIS on ne s'est tant piqué de Philosophie, qu'on s'en pique maintenant, & jamais il n'y a eu moins de vrays Philosophes. On s'imagine qu'il suffit d'avoir fait une experience de Chimie qui aura reüssi par hazard, ou d'avoir demeslé quelques figures de Geometrie pour s'ériger en Philosophe, & disputer le pas à Platon & à Aristote. On se trompe : la vraye Philosophie est quelque chose de si relevé, que ce n'est ny à la fumée d'un alambic, ny par le tour & la demarche d'un compas qu'on devient Philosophe. L'experience que fait un Chimiste quand il la fait dans les formes, peut à la verité

AVERTISSEMENT.

donner une certitude Physique : mais elle ne peut pas faire une demonstration : & le Geometre le plus habile, dit Ammonius ne peut devenir sçavant s'il n'est Metaphysicien. Comme on ne devient parfait Philosophe que par la connoissance des autres Arts, & des autres sciences, il faut pour cela un esprit solide, bien de l'estude, un grand attachement au travail, une grande erudition, & un sçavoir profond de l'antiquité. Je suis en cela de l'avis de Platon : j'appelle la fermeté d'ame, la constance, la Fidelité, & le bon sens, la vraye Philosophie qui n'est rien autre chose que d'estre bien raisonnable & bien vertueux : de sorte que ce n'est point dans ces rafinemens subtils de Dialectique, dans ces nouvelles delicatesses de Mora-

Ammon. in Porphyr.

Multis artibus opus est, ut ad Philosophiam accedi possit. Lac. l. 2. c. 25. inst.

τῷ γὰρ βέβαιον ᾗ πιστὸν ᾗ ὑγιὲς τῆς ἠθοποιῷ ἀρετῆς ἀληθινὴν φημι. Plat. epist. ad Arist.

AVERTISSEMENT.

le, dans ces entestemens ridicules de Physique, qui sont si fort à la mode, que consiste ce secret. Ainsi cette nouvelle Philosophie du Nort qu'on veut mettre en vogue, me paroist bien fausse, en ce que par un relâchement d'esprit & par une fuite du travail, elle méprise ces preparations necessaires du raisonnement & de la speculation, pour se borner à une operation seche, qui n'a rien de solide : parce qu'elle n'est pas soûtenuë de la raison. C'est faire le Visionaire que de pretendre reduire l'étenduë generale de cette science aux experiences & à la distillation : & de rechercher si follement par les trois principes du sel, du souffre, & du mercure, cet esprit universel, qui est un esprit tout-à-fait chimerique. Ce sont toutefois ces nouveaux Philosophes & ces demy-sçavans

AVERTISSEMENT.

qui paroissent les plus déchaînez contre la Philosophie ancienne qu'ils entreprennent de décrier, pour en establir une moderne, prejudiciable aux bonnes mœurs, & dangereuse à la Religion. Ce qui doit obliger ceux qui ont du zele à s'affectionner à l'ancienne Philosophie que saint Thomas a tant loüée, dont il s'est servy si utilement pour expliquer nos Mysteres : & qui ne s'est trouvée fausse que par le faux usage qu'on en a fait.

C'est la raison principale qui m'a fait prendre le party d'écrire de la Philosophie de Platon & d'Aristote : non pas pour inspirer à nostre siecle un vain esprit de curiosité : mais pour apprendre aux vrays fideles, l'usage qu'on doit faire de la Philosophie pour la rendre utile à la Religion : & pour leur

Si quid in dictis Philosophorum inveniatur repugnans fidei illud non est è Philosophia desumptum, sed ex ejus abusu procedere potest per rationis defectum : nam verum alteri vero nullo pacto repugnare potest. S. Thom. in comment. ad lib. Trin. q. 2. art. 3.

AVERTISSEMENT.

bien faire comprendre que la Science de l'antiquité, & les belles lettres, doivent estre les armes les plus ordinaires du Chrestien, pour combattre l'erreur & le mensonge. C'est aussi pour cette raison que Tertullien exhortoit autrefois les Chrestiens de son temps à estre Philosophes pour s'opposer aux Heretiques qui s'en piquoient, & que l'Empereur Julien ne défendoit aux fideles l'estude des lettres & de la Philosophie, que parce qu'il craignoit la verité. C'est enfin pour cela que S. Basile a fait une Homelie pour engager les Chrestiens à estudier les livres des Payens, pour profiter de leurs lumieres à l'exemple de Moïse & de Daniel : que saint Cyrille contre Julien, Theodoret dans son Histoire & plusieurs autres Peres ont fait la mesme chose.

Philosophari nos provocant Hæretici. Tertul. lib. de resur.

Veritatis testificationem timebat. Arnob. l. 1. contra gentes.

Basil. in Homil. Cyril. in proleg. contra Julian. Theod. l. 6. c. 17. Histor. Melchior. Can. loc. X.

AVERTISSEMENT.

C'est ce que je pretens principalement en cet Ouvrage, que j'ay crû pouvoir estre utile dans les circonstances du temps où nous sommes. On en jugera peut-estre de la sorte, si sans se laisser éblouïr au calme & aux prosperitez de nostre Religion qui nous paroist si florissante : on veut faire reflexion, que par une demangeaison de curiosité tres-dangereuse il s'éleve dans l'Allemagne & dans tout le Septentrion un esprit nouveau de Philosophie qui va de droit fil au libertinage. Je ne veux pas par là blâmer le soin tres-loüable que prennent beaucoup de sçavans en France & en Angleterre, d'estudier la Physique, & d'enrichir tous les jours de nouvelles experiences une science si necessaire. Mais je pretens que la vraye Philosophie ne peut

AVERTISSEMENT.

reüssir, si elle n'est soustenuë d'une profonde érudition & d'une parfaite connoissance de l'Antiquité. Car j'en reviens à ce que dit Plutarque : quand on ne sçait que la Physique, on veut mal à propos decider de tout, & par un esprit pointilleux & contrariant on chicane sur tout, quand on ne sçait que la Logique. Il faut commencer par estre Logicien, pour parvenir à estre Philosophe : & l'on ne peut bien sçavoir la Logique comme il faut, qu'on ne soit excellent Metaphysicien. Ces parties de la Philosophie s'entre-aydent si fort les unes les autres, qu'on ne peut les separer sans les affoiblir.

Ce qu'on pourra peut-estre comprendre par mon Ouvrage. Du moins on y verra clairement par quels degrés Pla-

AVERTISSEMENT.

ton & Aristote sont devenus si grans Philosophes. J'ay commencé par l'Histoire de leur personne, sans y rien déguiser, pour les faire connoistre tels qu'ils ont esté. J'explique leur methode dans la seconde Partie, pour apprendre la maniere, dont on doit les estudier: & dans la troisiéme j'expose leur doctrine, non pas dans le détail, dont nostre langue, ny le goust du siecle n'est pas capable: mais seulement en abregé & par leurs principes : en quoy mesme j'ay tasché de me reduire pour ne pas devenir desagreable par une discussion trop seche, si elle eust esté trop exacte. Je m'estens davantage à expliquer dans la quatriéme partie les sentimens des Peres sur la doctrine de ces deux Philosophes : pour apprendre le jugement & l'usa-

AVERTISSEMENT.

ge, qu'on en doit faire par ce-luy que les premiers Chreſtiens en ont fait. Je conclus cét Ouvrage par quelques reflexions Chreſtiennes pour le rendre utile à ceux qui le liront. Et afin qu'on n'ait rien à me reprocher ayant des intentions ſi pures, je declare qu'en blâmant les opinions nouvelles, je n'en veux à perſonne, qu'à ceux dont les ſentimens ne ſe trouveront pas favorables à la Religion.

TABLE DES CHAPITRES.

PREMIERE PARTIE.

Chap. I. La proposition du dessein, page 1

Chap. II. De la naissance de la Philosophie, & de l'estat où elle estoit avant Platon & Aristote, 5

Chap. III. La Personne de Platon, 12

Chap. IV. De la personne d'Aristote, 41

Chap. V. Comparaison de leurs mœurs & de leur esprit, 56

SECONDE PARTIE.
Leur methode.

Chap. I. La methode de Platon, 63

Chap. II. De la methode d'Aristote, 81

TABLE

TROISIE'ME PARTIE.

Leur doctrine par leurs principes.

CHAP. I. ✕ *La Logique de Platon,* 94

CHAP. II. ✕ *La Logique d'Aristote,* 98

CHAP. III. ✕ *La Morale de Platon,* 107

CHAP. IV. ✕ *La Morale d'Aristote,* 111

CHAP. V. *La Physique de Platon,* 126

CHAP. VI. *La Physique d'Aristote,* 128

CHAP. VII. *La Metaphysique de Platon,* 137

CHAP. VIII. *La Metaphysique d'Aristote,* 139

QVATRIE'ME PARTIE.

Les avantures de leurs sectes & les sentimens des sçavans sur leur doctrine.

CHAP. I. *Les avantures de la secte & de la doctrine de Platon, jusques à la venuë de nostre Seigneur,* 151

DES CHAPITRES.

CHAP. II. *Les avantures de la secte & de la doctrine d'Aristote, jusques à la venuë de nostre Seigneur,* 164

CHAP. III. *Les avantures de la secte & de la doctrine de Platon dans les huit premiers siecles depuis la venuë de nostre Seigneur,* 171

CHAP. IV. *Les avantures de la secte & de la doctrine d'Aristote, dans les huit premiers siecles,* 195

CHAP. V. *Les sentimens des sçavans des huit derniers siecles, sur la doctrine de Platon,* 208

CHAP. VI. *Les sentimens des sçavans des huit derniers siecles sur la doctrine d'Aristote,* 219

Chap. dernier. *Quelques reflexions Chrestiennes sur ce Discours,* 251

LA COMPARAISON DE PLATON ET D'ARISTOTE.

PREMIERE PARTIE.

CHAP. I.
La proposition du dessein.

LE dessein que j'ay de faire la comparaison de Platon & d'Aristote est si vaste & si difficile, qu'on trouvera peut-estre qu'il y a de la temerité à l'entreprendre. Car il s'agit non seulement de juger des deux plus sçavans hommes de l'antiquité, mais encore de decider si les divers sentimens des auteurs qui en ont parlé sont bien ou mal fondez, & si les differens gousts de chaque siecle sur leur

A

doctrine sont bons ou mauvais. Ainsi de quelque côté que je puisse pancher, je m'expose à former un jugement contraire à celuy de beaucoup de grands personnages. Je ne doute pas mesme que pour former ce jugement bien juste, il ne falut un plus long travail que celuy que je me suis proposé. Mais quand je considere qu'une foule de commentateurs & d'interpretes a grossi depuis prés de deux mille ans nos Bibliotheques d'un nombre infini de volumes sur cette matiere : je n'ay garde de croire que je puisse adjoûter rien de considerable à ce qu'ils en ont écrit. C'est pourquoy je me contenteray d'exposer simplement & sans partialité, premierement le merite de Platon & d'Aristote & tout ce qui regarde leur personne ; secondement leur methode ; en troisiéme lieu leur doctrine ; en dernier lieu les opinions qu'on a eu de leurs ouvrages, & les differens estats où leurs sectes se sont trouvées en chaque siecle.

On dira d'abord que ce n'est pas s'accommoder au goust du siecle que de parler de l'ancienne Philosophie &

des anciens Philosophes, dans un temps où l'on n'aime que la nouveauté, & où chacun se pique de se faire une Philosophie à sa façon: car jamais on n'a tant vû de maximes de Morale, de methodes de Logique, & de systemes de Physique. Mais aussi il y a toûjours des esprits assez independants des preventions communes, pour ne pas se dégoûter de l'antiquité, & pour reconnoistre la verité sous quelque couleur, & dans quelque circonstance qu'elle paroisse.

Ce n'est pas une petite difficulté dans un dessein de cette importance, de sçavoir bien demêler les interests de nostre Religion d'avec les maximes des deux sectes qui ont porté le nom de ces deux grands hommes, & d'examiner le bon & le mauvais usage qu'ont fait les premiers Chrestiens des raisonnemens profanes de la Philosophie, & de garder en même temps le respect qu'on doit aux Peres de l'Eglise qui s'en sont servis, pour soûtenir les principes de nostre Foy. Car il faut pour y bien reüssir un grand discernement & une profonde connoissance de leur doctrine. Ce qui m'obligera à n'entrer dans cette discussion qu'avec beaucoup de retenuë, & à mesure que je le croiray necessaire pour l'éclaircissement de mon sujet.

La peine qu'il y a à écrire avec quelque sorte d'agrément sur une matiere aussi seche & aussi sterile, qu'est la Philosophie, pourroit estre une autre difficulté. Car en ce siecle on est delicat jusques à l'excés. C'est en vain qu'un auteur veut rendre son ouvrage recommendable par l'importance des choses dont il traitte, s'il n'attache le Lecteur par quelque plaisir. Je sens bien neantmoins que je ne puis, & mesme que je ne dois pas rechercher les graces du langage dans un sujet si grave, qui d'ailleurs peut donner un autre plaisir, auquel on ne sera peut-estre pas moins sensible. Car on sera bien aise d'y voir jusques où peut aller la raison humaine, quand elle n'est soûtenuë que de ses propres lumieres : Certainement personne ne l'a portée plus loin que Platon & Aristote. Cependant leurs veuës paroissent si foibles en certaines occasions, que l'égarement où ils sont tombez faute des lumieres de la Foy, est seul capable d'abaisser l'orgueil de l'homme. Ce sera du moins le fruit qu'on pourra retirer de mon ouvrage. J'espere mesme que ce que je diray de la doctrine de ces deux Philosophes, ne sera pas inutile à ceux qui ne sont pas tout à fait préocupés de la fantaisie des opinions nouvelles. Mais avant que de parler du merite personnel de Platon & d'Aristote, il est bon d'examiner quel a esté le commencement & le progrés de la Philosophie ; & l'estat où elle estoit quand ils vinrent au monde.

CHAP. II. *De la naissance de la Philosophie, & de l'estat où elle estoit avant Platon & Aristote.*

La Philosophie dont je prétends parler, n'est point celle qui fait aujourd'huy tant de bruit dans le monde par ses disputes, où elle mêle souvent bien de la chaleur sans necessité. La sagesse que Platon & Aristote ont aymée sur toutes choses, fuit les contestations & ne s'attache qu'à la verité. Le principe universel sur lequel elle forme ses preceptes, est le bon sens, qui luy sert de guide pour regler les mœurs, & pour instruire l'esprit. Elle seule va puiser les choses jusques dans leur source : elle apprend à la raison à se soumettre à de certaines regles pour l'affermir contre le doute, l'erreur, & l'opinion, à estre constante dans ses sentimens, à calmer cette inquietude naturelle qui agite sans cesse l'esprit. Et enfin elle s'occupe uniquement à rendre l'homme heureux, en luy decouvrant les principes des choses, & en les faisant voir comme elles sont. De sorte qu'entre toutes les sciences c'est la plus noble, la plus utile, & la plus convenable à l'homme.

Felix qui potuit rerum cognoscere causas. Virgil. lib. 1. Georg.

Quoy que l'origine de cette Philosophie soit obscure, & qu'on n'en puisse rien dire de certain : tous neantmoins demeurent d'accord que les Grecs ont esté les premiers Philosophes du monde. Ce n'est pas que les autres Nations qui les ont precedés, n'ayent eû la connoissance de quelque partie de la Philosophie, & que selon la nature ou la situation de leur païs, la necessité qui est la premiere maistresse de toutes les sciences, ne leur ait enseigné celles qui estoient propres à leurs besoins. Ce fut ainsi que les Egyptiens aprirent à observer les accroissemens & les diminutions du Nil & à faire chaque année le pronostic de la sterilité, ou de la fertilité de leurs terres: & pour en partager avec plus d'égalité la moisson entre les particuliers qui les avoient cultivées, ils inventerent les premiers principes de la Geometrie. Comme cette Nation estoit fort adonnée à la superstition, ses Prestres abuserent de sa foiblesse, & firent de leur Religion une espece de Theologie embarassée de plusieurs mysteres, dont ils ne leur donnoient qu'une grossiere intelligence avec leurs figures, & leurs Hieroglyphiques.

Per figuras animalium Ægyptij sensus mentis effinxerunt, ut antiquissima memoriæ humanæ monimenta saxis impressa cernuntur. Cor. Taci.

Les Assyriens, qui habitoient des campagnes vastes & découvertes, n'ayant rien qui les empêchast de contempler les astres, furent les premiers qui en observerent les mouvemens. Et les Caldéens qui estoient parmi ces peuples une espece de Philosophes, firent de cette speculation un art de predire l'advenir. Enfin les Pheniciens qui estoient voisins de la mer, tirerent un autre fruit de la connoissance des Etoilles, en s'attachant à

Chaldæi cognitione astrorum solertiaque ingeniorum antecellunt. Cic. de divin lib. 1. Phœnices qui mari præpollebant, intulisse Greciæ

remarquer celles dont le cours pouvoit estre utile à la navigation. A quoy ils reüssirent si bien, qu'ils trouverent les premiers, qu'il y avoit un point fixe vers le pole, dont l'observation pouvoit guider les Pilotes.

Tous ces peuples ne sçavoient ces choses que par une simple experience, & ils n'avoient point encore reduit en preceptes les connoissances qu'ils avoient aquises. On pretend que Mercure Trismegiste, & Orphée le Philosophe, dont le premier estoit d'Egypte, & le second de Thrace, furent ceux qui commencerent à establir quelque regle dans les sciences: mais Orphée est remply de faussetez au sentiment d'Origene, & l'ouvrage pretendu de Trismegiste est devenu suspect aux sçavans des derniers siecles, comme un ouvrage supposé. Ce qu'on dit aussi de ce Roy des Bactriens nommé Zoroastre, & de ce Vulcain fils du Roy Nilus, dont Sotion parle dans Laerce, comme s'ils avoient esté plus anciens qu'Orphée, & Trismegiste, me paroist si fabuleux, que je n'en dis rien. Quant aux Juifs, qui ont esté sans controverse

memorant, quæ ab Ægyptiis accepere. Cor. Tacit.
Qua fidunt duce nocturna Phœnices in alto. Arat apud Tull.

Laer. lib. 1. cap. 1.

Orig. contra Cels. lib. 1.

Laerc. lib. 1. cap. 1.

PARTIE.

les premiers des sçavans, ayant esté les premiers des peuples, il paroist qu'ils se retrancherent dans l'étude de leur Religion, sans s'apliquer à la Philosophie. Il est vray que l'Ecriture Sainte nous apprend, que Salomon fut grand naturaliste, & qu'il eut une connoissance parfaite des plantes & des animaux : mais elle ne dit pas qu'il ayt rien laissé par écrit de cette connoissance.

que ad hyssopum, & disseruit de jumentis, & v.. lucribus, & reptilibus, & piscibus, cap. 4. lib. 3. Reg.

Ainsi à bien dire, l'origine de la Philosophie ne se doit prendre qu'au temps de Thalés & de Pythagore, qui commencerent à en faire une profession ouverte. Thalés estoit Phenicien : mais s'estant estably à Milet Ville capitale d'Ionie, on l'appella Milesien : on croit qu'il aprit des Egyptiens les elemens de la Geometrie & de l'Astronomie : Saint Justin asseure qu'il tira des ouvrages d'Homere les principes de sa Philosophie. Ce fut le premier qui observa les Solstices, & les Equinoxes, & qui decouvrit aux Pheniciens le cours de la petite Ourse autour du Pole. Il enseignoit que l'eau estoit le principe de toutes choses, & que

Solis accessum discessumque brumis Solstitiique fieri docuit lib. de nat. deor. Thales ex aqua dixit constare omnia. Cic. in Lucul.

l'humidité estoit la cause universelle de la generation : il fut appellé le premier sage des Grecs : les autres à qui le peuple donna peu apres le nom de sages, laisserent quelques reflexions sur la Morale, dont Laerce a fait un petit recueïl : mais on n'y trouve ny ordre ny liaison. Pherecidés, qui estoit de Syrie, écrivit le premier du principe universel de la nature : Pythagore fut son disciple : & Thalés herita de ses écrits, que Pherecidés luy envoya en mourant.

Laer. lib. 2.
Theon. Smyr.
in hist. Astrol.

Anaximander, qui avoit étudié sous Thalés, enrichit de nouvelles observations, celles que son maistre avoit déja faites : il distingua les quatre elemens, il plaça la terre dans le centre : & par cette situation qu'il leur donna, il fut le premier qui dressa une espece de systeme du monde. Sa science s'étendit mesme à connoistre la grandeur du Soleil, & de la Lune, & à mesurer la distance juste qu'il y a de la terre à ces deux Astres. De sorte que par cette connoissance si distincte de la nature qu'il donna le premier, il merita parmy les Grecs le titre de Fondateur de la Philosophie :

Pythagore acquit la mesme gloire dans l'Italie. Mais on peut dire que dans ce premier siecle, qui se passa depuis Pythagore jusques à Platon, & qui fut le veritable siecle de la naissance de la Philosophie, cette science fit un plus grand progrés dans l'Italie, que dans la Grece : parce que les Pythagoriciens penetrerent bien plus avant dans le détail des choses naturelles leur methode, ou plûtost la qualité de leur esprit y estant peut-estre plus propre.

Pythagore estoit de Samos, il y commença ses études sous un Grammerien nommé Hermodamas. Ce maistre luy inspira une forte passion pour s'avancer dans les sciences : Mais parce que le tyran Polycrate, qui regnoit à Samos, y persecutoit les sçavans ; Pythagore fut contraint de sortir de son païs : & apres s'estre arresté quelque temps à Lesbos, où il étudia sous Pherecydés, il vint s'establir en Italie dans la Ville de Crotone proche de Tarente. Ce sejour luy pleut si fort, qu'apres son retour d'Egypte, il y demeura le reste de sa vie. Il avoit l'esprit grand, l'air

Pythago. Ex Laer. lil. Cic. v. Tusc. Apul 1. Fl. Gellius lib. 1. cap. 9. Porphyr. in vit. Pyth.

venerable, sa gravité luy attiroit du respect, & par l'austerité qui luy estoit naturelle, il n'eut pas de peine à persuader à ses disciples la frugalité, qu'il leur recommendoit sur toutes choses. Il avoit pris une telle authorité sur leurs esprits, que son advis estoit la regle de ce qu'ils devoient croire : & quand il avoit decidé, on ne disputoit plus. Ainsi sa reputation passa bien-tost de Crotone dans Tarente, & de Tarente dans la Lucanie, & dans l'Etrurie ; elle alla mesme jusques à Rome, vers le temps que le premier Tarquin y regnoit.

Il avoit apris de Pherecydés, & des Egyptiens, que l'ame estoit immortelle : mais comme cette premiere connoissance n'estoit que confuse : il eut de la peine à concevoir comment elle pouvoit subsister, estant entierement separée du corps apres la mort. De sorte qu'il ayma mieux croire qu'elle passoit dans le corps des autres animaux, que de s'imaginer qu'elle pût estre dans un estat tout à fait separé de la matiere. Cette raison jointe à quelques autres luy fit prendre le party d'establir l'opinion

Pherecydes Syrus primus dixit animos hominum esse sempiternos. Cic. 1. Tusc.

de la metempsycose, & d'empescher qu'on n'égorgeât des animaux pour les manger, & qu'on n'ensanglantât les autels dans les sacrifices: Il eust grand commerce avec les Juifs dans les voyages qu'il fit en Egypte. Joseph asseure qu'il eut un Juif Nazareen pour maistre: Theodoret dit mesme qu'il fut circoncis, & Clement d'Alexandrie pretend qu'il passa dans l'opinion de quelques sçavans de son temps, pour le Prophete Ezechiel: mais sans aucun fondement. Il est vray qu'il eut quelque communication de la Genese, & qu'il lût les autres livres de Moyse: Ce fut sans doute dans cette lecture, qu'il prit l'idée de ces expressions symboliques & figurées de sa Philosophie, dont il se servit pour la rendre plus recommendable. Car il estoit persuadé selon l'opinion des Egyptiens, que c'estoit profaner la verité, que de l'exposer toute nuë aux yeux du peuple. Les nombres furent les Symboles ordinaires dont il se servit pour enseigner ses opinions, & cette signification mysterieuse qu'il leur donna, fit paroistre sa doctrine encore plus

Ioseph. cour. Apion.
Theod. lib. de fid.
Clem. Alex. strom. lib. 31.

Corn. à Lap. in præfat. in Ezech.

profonde qu'elle n'estoit. Il faisoit si fort entrer ses nombres dans tout ce qu'il pensoit, & dans tout ce qu'il disoit, qu'il establit pour maxime fondamentale de sa Philosophie, que l'unité estoit le principe de la generation de toutes choses, & que la pluralité en estoit la corruption. Il soûtenoit mesme que l'homme n'estoit formé que du raport de certains nombres; que sa vertu & sa santé n'estoit qu'une harmonie toute pure, & que ses maladies se pouvoient guerir par la conformité de certains sons avec les accez du mal. Enfin, il avoit l'esprit tellement remply de cette imagination de nombres & d'harmonie, qu'il inventa des accords, & une mesure certaine dans la Musique, sur les coups de marteau qu'un artisan de ses voisins frappoit sur l'enclume: & il n'est rien de plus celebre dans toute la Philosophie ancienne, que cette harmonie que Pythagore avoit imaginée dans le Ciel, pour en regler le cours.

Ses disciples n'estoient admis à parler de ces mysteres, qu'apres cinq années d'un silence continuel. Il en seigna le premier les principes de la Physique, qui est la vraye Philosophie naturelle. Il découvrit les qualitez de chaque element, la figure des corps, la rondeur de la terre, & les Antipodes : il distingua les saisons, il observa le cours different que le Soleil fait tous les jours, & tous les ans : & par quel moyen la Lune tire sa lumiere du Soleil. Mais ce sçavant homme estoit tellement abysmé dans la meditation de ces nouvelles connoissances, qu'il ne laissa aucune chose par écrit : ce qui toutefois n'empescha pas que son école ne se rendit la plus florissante qui fut au monde, avant & apres sa mort. Les plus celebres de ses disciples furent Ocellus de la Lucanie, Timée de Locre, Archytas de Tarente, Philolaus de Crotone, Parmenide & Zenon tous deux d'Eleate, & Melissus de Samos. Ces sçavans personnages travaillerent à mettre en ordre & par écrit, les preceptes de leur maistre, dont ils composerent un corps de Philosophie.

Il est vray qu'Anaximenés, Anaxagore, Xenophanés, Heraclite, Archelaüs & Democrite, qui succederent à Anaximander, dans la Grece, s'apliquerent fort de leur costé à étudier la nature. Anaxagore enseigna que le premier principe des choses estoit une matiere increée: Anaximenés crût que ce devoit estre l'air: parce que le premier principe doit estre simple & pur: Heraclite soûtint que c'estoit le feu, & Democrite vouloit que ce fussent les atomes. Ainsi les Philosophes de ces deux sectes, qui furent les premiers du monde, s'attacherent également à étudier ce qu'il y avoit de plus merveilleux en la nature. En quoy comme j'ay remarqué la secte de Pythagore fit plus de progrés que celle de Thalés & d'Anaximander : Car Ocellus, Archytas, & Zenon, formerent des principes de Dialectique: Zenon en composa trois livres, dans lesquels il distingua les operations de l'esprit: Archytas imposa l'ordre des Categories, Ocellus inventa la methode des definitions: Timée, Parmenide, Philolaüs, & Melissus s'apliquerent à la Physique, dont ils firent des principes.

Mais apres tout, Thalés, Pythagore & leurs disciples, ne s'estoient appliqués qu'à la connoissance des choses naturelles. Leur étude s'estoit bornée à observer le cours des Astres, les qualitez des elemens, & les regles de la Dialectique, de la Geometrie, de la Musique, & de la Medecine: & quoy qu'ils eussent fait une maniere de Religion pour honorer les Dieux: ils n'avoient pas encore donné des preceptes pour regler les mœurs. La gloire en estoit reservée à Socrate. Cette partie de la Philosophie la plus importante de toutes, n'estoit point connuë avant cét excellent Philosophe. Mais il est bon de remarquer par quels degrez il y parvint : & par quelle voye il merita cette grande reputation, qui luy fit donner par l'Oracle le nom du plus sage des hommes.

Socrate nâquit dans un village d'Attique de parens peu considerables : il avoit un genie propre à toutes les sciences, & il y reüssit merveilleusement: mais sur tout à l'eloquence: car il n'y avoit point de meschante affaire, à qui il ne donnât une belle couleur, & qu'il ne fit paroistre

SOCRATE
Ex Aristoph. Plat. Xenoph. Cic. Ælian. Laer. Gell. & aliis.
A quo omnis quæ est de vita & moribus Philosophia manavit. 3. *Tuscul.*

bonne. Ce qui obligea ceux qui gouvernoient la Republique, de luy deffendre d'enseigner la Rhetorique. Il n'excella pas moins dans la Poësie. Car de mesme qu'on s'est imaginé que Lelius & Scipion avoient travaillé aux Comedies de Terence, on a cru aussi que Socrate avoit pris plaisir de travailler aux Tragedies d'Euripide. La coûtume des Philosophes de son temps estoit de voyager pour apprendre en divers lieux ce qu'on ne peut sçavoir en un seul païs. Mais Socrate aymoit le repos & la meditation : & il croioit que ces voyages faisoient perdre bien du temps, qu'on pouvoit employer utilement chez soy. Neantmoins par complaisance pour son maistre Archelaüs, il alla jusques à Samos, pour l'y accompagner, & de là à Delphes pour y consulter l'Oracle d'Apollon.

Il ne proposoit jamais ses opinions, que comme des doutes : mais il les éclaircissoit par des comparaisons si familieres, qu'il rendoit pour ainsi dire la verité sensible ; ainsi il laissoit à chacun le plaisir de se convaincre, ne faisant pas semblant luy-

Sénec. eupmiùv ὑπισχ- ν᾽ρ. Laer. lib. 2. de Socrat.

mesme d'y penser. C'est pourquoy il ne pouvoit souffrir la doctrine d'Heraclite: il disoit que ce Philosophe decidoit trop, & que sa maniere d'enseigner estoit seche, obscure, & déplaisante. Socrate avoit une methode toute contraire, il ne disputoit jamais, il ne nioit, ny n'accordoit rien ouvertement: & dans cette incertitude il monstroit toûjours bien de la soumission & de la docilité, couvrant sa force sous cette simplicité apparente, & prenant plaisir de cacher son esprit, pour faire paroistre l'esprit des autres. Quand il voyoit quelqu'un s'opiniastrer dans l'erreur, il prenoit d'abord son party, il entroit dans ses raisons, pour le disposer adroitement à escouter les siennes, & à se laisser persuader. Quoy qu'il fût le plus sçavant homme de son siecle, il ne craignoit rien tant que de passer pour sçavant : Plutarque dit qu'il faisoit profession de ne rien sçavoir, & il affectoit mesme quelquefois des ignorances recherchées : ainsi en faisant semblant de vouloir estre instruit : il engageoit insensiblement ceux qui l'écoutoient à se laisser instruire eux-

Plut. in Apolog Socrat.

mesmes. Mais pour y mieux parvenir, il commençoit d'ordinaire ses entretiens par des discours flateurs, & par des detours de questions affectées; n'allant jamais de droit fil, où il vouloit aller : demandant toûjours l'advis des autres, avant que de dire le sien : & quand une fois il avoit obligé ceux à qui il parloit, à dire leur sentiment, il en tiroit des consequences à son avantage: il les conduisoit pas à pas d'absurdité en absurdité: jusques à ce qu'ils s'apperceussent eux-mesmes de leur égarement: & alors il leur laissoit entrevoir le chemin qu'ils devoient prendre, pour le suivre, & trouver la verité.

Sa conversation estoit toûjours fort agreable, car il avoit un art merveilleux de mettre le faux de chaque chose en son jour : & de divertir même les gens de leurs propres defauts. C'est à quoi l'ironie qui luy étoit si familiere, & si naturelle, luy servoit admirablement, sur tout contre les Sophistes, qu'il prenoit plaisir à rendre ridicules: car c'estoient des gens, comme il dit luy-mesme, d'un goût depravé en toutes choses. L'ignorance

Socrates percontando interrogandoque elicere solebat eorum opiniones, quibuscum differebat. Cic. de finib.

Rhetorum omnium exagitator Socrates. Cic. Orat.

qu'il affectoit avec eux, est une marque du mépris qu'il en faisoit : car quand il traittoit avec des gens raisonnables, il changeoit de maniere: il se transformoit, pour ainsi dire, en leur humeur, pour entrer mieux dans leurs sentimens. C'est en quoy consistoit sa plus grande habileté : de sorte qu'il persuadoit toûjours, parce qu'il plaisoit toûjours.

Il avoit joint à cette delicatesse d'esprit, qui luy estoit particuliere, les plus hautes vertus, une valeur extraordinaire, une fermeté d'ame à soûtenir ses avis, quand il les croioit utiles au public, une probité que rien ne pouvoit corrompre, un desinteressement qui luy faisoit refuser des presens des plus grands Seigneurs, une frugalité, une moderation, une patience, une égalité d'esprit, & sur tout une indifference pour la mort, qui n'a jamais eu d'exemple. Car il traitta ceux qui le condamnerent, comme s'il eut esté leur Juge, & comme s'il eut eu à decider de leur fortune, & de leur vie.

La curiosité des choses naturelles qui avoit si fort occupé les autres Philo-

Socrates in judicio capitis pro se ipse dixit, ut non supplex & reus sed magister & Dominus videretur esse judicum Cic. 1. de orat.

sophes, n'estoit pas ce qui le touchoit le plus : son application principale estoit d'apprendre aux hommes à bien vivre ; dont il fit une profession particuliere jusques au dernier moment de sa vie, autant par son exemple, que par sa doctrine. Il est vray qu'il courut à Athenes des médisances contre luy, & qu'il fut joüé sur le Theatre d'une assez grande force par Aristophane : mais la corruption où l'on vivoit alors, & le goût du peuple, qui ne pouvoit souffrir de merite trop éclatant, sans le critiquer, avoit si fort autorisé cette licence, qu'il n'y avoit point de vertu à couvert de la médisance : du moins celle de Socrate, toute pure qu'elle estoit, ne put s'en sauver. Ce fut sous un tel maistre que Platon étudia la Philosophie, qu'il trouva perfectionnée par les beaux preceptes de Morale, dont Socrate l'avoit enrichie : & c'estoit l'estat à peu prés où elle estoit, quand Platon commença à s'y appliquer, & quand Aristote vint au monde.

Spiritum contempsit, ne careret gravitate Val. max. lib. 6. cap. 4.

CHAP. III.
La personne de Platon.

Jamais personne n'a eu une naissance plus heureuse pour les lettres que Platon : il estoit d'Athenes, la

Ville la plus sçavante qui ait jamais esté : & il nasquit dans un temps, où toutes les sciences florissoient plus qu'elles n'avoient jamais fait. Il avoit de l'esprit infiniment, & il estoit de grande qualité. Car du costé de son pere, il contoit des Roys parmy ses ancestres, & du costé de sa mere, il venoit de Solon, dont il estoit plus glorieux de descendre, que d'une longue suite de Roys. On pretend que la mere de Platon le conceut par un pur effort d'imagination, en voyant la statuë d'Apollon, ce qui donna lieu de croire qu'il en estoit fils, parce qu'il ressembla à cette statuë. Laerce, Apulée, & S. Ierosme contre Jovinien parlent de cette opinion, qu'Origene traitte de fable, dans le livre premier contre Celse. Mais les Grecs qui sçavoient l'art d'en mêler par tout, ne se sont pas contentés de celle-cy. Car si l'on les en veut croire, un essein d'Abeilles se vint poser un jour sur le berceau de Platon, & fit du miel sur ses levres, d'où l'on tira un presage certain, qu'il seroit le plus eloquent homme de son siecle. Comme si c'eust esté

Platonem augustiore conceptu prosarum dicunt, cum quædam Apollinis figuratio matri se miscuisset. Apol. lib. 1. de doct. Plat.

une chose ordinaire parmy eux, que la naissance des grands personnages deût estre marquée, par quelque circonstance merveilleuse.

Quoy qu'il en soit, Platon fut élevé avec un grand soin dans tous les exercices qu'on enseignoit aux gens de qualité, il apprit la Grammaire, les Mathematiques, la Musique & la Peinture. Dés ses premieres années il eut beaucoup de genie & de passion pour la poësie: & mesme il composa des Odes & des Tragedies, qui furent estimées. Dans la composition de ces Odes & des Dithyrambes qu'il fit en l'honneur de Bacchus, il s'accoûtuma tellement à cette cadence, que tous ses ouvrages en sont pleins. Elien dit, qu'il fit aussi des vers heroïques; mais que ne les trouvant pas de la force de ceux d'Homere, il les brusla. Enfin il passa jusques à l'âge de vingt ans en ces sortes d'études. Ce fut alors qu'il commenca à s'attacher avec bien de l'assiduité à écouter Socrate. Ce maistre alors si celebre, avoit un talent particulier à former de grands hommes. Criton Aristippe, Cebés, Xenophon, Simias, Euclide

Euclide de Megare estoient alors ses disciples. Mais ayant remarqué dans Platon plus de naturel, & plus de genie que dans les autres, il eut aussi plus d'attachement pour luy. Il luy conseilla d'abord de lire souvent Homere; & ce fut en cette lecture que Platon se forma l'esprit à concevoir & à dire les choses d'une maniere élevée, abondante, & agreable; & c'estoit alors une maxime receuë parmy les gens de lettres, qu'on ne pouvoit devenir sçavant sans lire Homere, ny le lire sans devenir sçavant.

Socrate estant accusé par les pratiques d'Anitus & de Melitus ses ennemis, & aresté prisonnier, Platon fit une somme considerable d'argent, pour composer de sa liberté avec ses Juges & ses accusateurs. Mais la cabale estoit trop forte, & les esprits trop envenimés pour accommoder cette affaire. De sorte que ne voyant pas d'autre remede pour le sauver; il eut la hardiesse de monter sur la Tribune aux harangues, pour justifier l'innocence & la conduite de Socrate, devant le peuple. Le commen-

B

cement de son discours avoit déja tellement émeû les assistans, que les Magistrats craignant quelque sedition luy imposerent silence, pour satisfaire à la passion de ceux qui vouloient perdre Socrate : ce qu'ils firent sans beaucoup de peine, sous un gouvernement aussi corrompu, que l'estoit celuy des trente Tyrans, qui s'estoient rendus maistres de la Republique, & qui furent chassés peu de temps aprés par Thrasybule.

Les Philosophes qui estoient alors à Athenes, furent tellement épouvantés de la mort de Socrate, qu'ils sortirent presques tous de la Ville, pour éviter l'injustice & la cruauté de ceux qui y regnoient. Platon se retira à Megare ville d'Achaïe, pour y continuër l'étude de la Philosophie sous Euclide qui estoit de cette Ville là, & un des premiers disciples de Socrate. De Megare il passa à Cyrene, pour y entendre un grand Mathematicien nommé Theodore, auprés duquel il acheva de se rendre sçavant en cette science.

Mais comme rien n'estoit capable de satisfaire entierement la passion qu'il avoit d'apprendre toutes choses ; il fit un voyage en Italie pour y avoir des conferences avec Eurytus, Philolaüs, & le second Archytas, qui estoient alors les plus celebres Sectateurs de Pythagore, dont la doctrine s'estoit renduë fameuse dans la Grece ; & ayant tiré les secrets les plus cachés de la Philosophie des Pythagoriciens, il alla en Egypte pour y aprendre la Theologie des Prestres & des Sacrificateurs. Euripide qui l'accompagna dans ce voyage, tomba malade en Egypte, ce qui obligea Platon d'y sejourner plus long-temps : de sorte qu'il eût tout le loisir d'étudier la Religion des Egyptiens & leurs mysteres. Il y eut mesme quelque communication des livres de Moïse par le moyen des Juifs, dont le nombre estoit fort multiplié dans l'Egypte, depuis les transmigrations. Clement d'Alexandrie assure qu'il y estudia sous un sçavant d'Heliopolis nommé Sechnuphis, qui estoit Juif. Et saint Augustin a crû quelque temps, que Platon avoit eû des conferences avec le Prophete Jeremie dans son voyage

Aristot. de Plat. apud Euseb.
L. 1. Strom.
Nonnulli putarunt Platonem quando perrexit in Ægyptum Jeremiam audivisse. Aug. l. 8 de civit. Dei
Aug. l. 2. de Doct. Chr.

Idem lib. 8. de civit. Dei.

d'Egypte : mais apres avoir fait une supputation exacte des temps, il reconnut que ce Prophete estoit mort plus de soixante ans, devant que Platon vint en Egypte.

Ce Philosophe ayant apris des Egyptiens leurs mysteres les plus secrets, il eut la curiosité de voyager en Perse, pour y consulter les Mages sur la Religion du païs : son dessein estoit d'aller jusques dans l'Inde, pour y voir les Brachmanes, & s'instruire de leurs mœurs & de leurs coûtumes. Mais les guerres d'Asie l'en empescherent : & celle du Peloponese, qui divisoit déja toute la Grece, l'obligea de revenir à Athenes. Il n'y avoit point alors de profession plus honorable parmy les Atheniens, que celle d'enseigner la Philosophie : Platon l'embrassa, dés qu'il y fut arrivé ; & attira en peu de temps bien des Sectateurs auprés de luy. Il establit son école à l'Academie qui estoit un lieu hors de la Ville : & ce lieu donna depuis le nom à sa Secte. Isocrate fut un des premiers, qui mit Platon en reputation : ils avoient contracté ensemble une grande amitié. Laërce parle d'un entretien, que ces deux grands hommes avoient eû dans une maison de campagne, sur le sujet de la Poësie; mais ce discours n'est pas venu jusques à nous.

Les prodiges qui se passoient en Sicile, dans les embrasemens du Mont Etna, donnoient tant d'étonnement aux Philosophes d'Athenes, que Platon quitta son école pour satisfaire sa curiosité, sur une chose si extraordinaire. Il passa dans cette isle pour observer de prés le principe caché de ce feu prodigieux, qui s'allumoit quelquefois avec des violences épouvantables. Denys surnommé le Tyran regnoit alors à Syracuse, c'estoit un fort méchant homme: Ciceron le fait assés connoistre par un mot qu'il dit de luy, qu'ayant pillé un Temple hors de son païs, & retournant par mer en Sicile par un beau temps : *Vous voyez*, dit-il, *mes amis, combien les Dieux sont favorables aux sacrileges*. Platon l'alla voir, & au lieu de le flatter comme faisoient ses courtisans : il luy parla contre les desordres de sa Cour, avec tant d'autorité, que ce Tyran en fut

Cum fanum locris expilasset, navigabat Syracusas, cúque secundissimum cursum teneret: videtis, inquit, amici, quam bona à diis immortalibus navigatio detur sacrilegis. *l. 3. de nat. deorum.*

B iij

surpris : & comme il n'estoit pas fort accoûtumé à entendre des verités desagreables, il se mit en colere contre Platon, & le voulut faire mourir: mais Dion & Aristomene alors favoris du Prince, & qui avoient esté autrefois disciples de Platon, luy parlerent en faveur de ce Philosophe, & luy sauverent la vie. Denys se contenta de le mettre entre les mains d'un envoyé des Lacedemoniens, qui estoient alors en guerre avec les Atheniens : cet envoyé abordant à Egine le vendit comme un esclave à un Marchand de Cyrene, qui l'ayant acheté le renvoya à Athenes.

Quelque temps aprés il fit un second voyage en Sicile, sous le regne du jeune Denys, qui le fit prier par Dion son Ministre & son favory, de venir à sa Cour pour luy enseigner l'art de bien gouverner ses peuples. Platon y alla dans le dessein d'inspirer à ce Prince des sentimens plus doux que ceux de son pere, & pour luy faire pratiquer cette forme de gouvernement qu'il meditoit, & dont il nous a laissé les principales maximes dans ses livres de la Republique.

Mais la grande liaison que Dion eut avec ce Philosophe donna de l'ombrage au Tyran: Dion fut disgracié & Platon renvoyé à Athenes. Dion s'estant remis dans les bonnes graces de son Maistre, il luy conseilla de faire revenir Platon: Denys le receut avec toutes les marques de bien-veillance qu'un grand Prince peut donner. Il envoya au devant de luy une galere superbement equipée, & il alla luy-mesme dans un char magnifique, pour le recevoir avec toute sa Cour. Mais son humeur soupçonneuse, & les inégalitez de son esprit le firent retomber dans ses premieres défiances: Platon s'en offença, & s'en plaignit. Denys offencé luy-mesme par ces plaintes, pensoit à se défaire de luy: mais Archytas qui avoit du pouvoir auprés du Tyran, en fut averty par Dion, & demanda grace pour le Philosophe: le Tyran la luy accorda, & Platon eut permission de se retirer.

Platoni sapientiæ antistiti Dionysius Tyrannus vittatam navem misit obviam: ipse quadrigis albis egredientem excepit. Plin. l. 7. c. o

Elien veut faire croire que Platon aprit à Dion le secret de se défaire du Tyran, pour délivrer les peuples de l'oppression: Ciceron est dans le mes-

Æl. l. 3. hist. Var. Dionem, Plato non linguæ solum: verum etiam a-

simi & virtutis magister, ad liberādam patriam impulit. Cic. l. 3. de Orat.

me sentiment, je ne sçay pas sur quels memoires : j'y trouve peu d'aparence, de la maniere dont Platon avoit l'esprit fait : car il n'avoit rien de violent. Quoy qu'il en soit, le peuple d'Athenes le receût à son retour avec une joye universelle : on voulut luy donner part au gouvernement : il refusa cet honneur, pour s'occuper plus tranquillement à la contemplation des choses naturelles, & à l'étude de la Philosophie : il abandonna mesme son bien à ses freres, ne se reservant qu'une petite maison avec un jardin à la campagne, pour y passer le reste de ses jours en liberté : & cette liberté luy fut si chere, qu'il ne pût se resoudre à se marier. En effet, il mena depuis une vie fort tranquille & fort heureuse : parce qu'elle fut innocente & exempte d'ambition. Estant jeune il avoit porté les armes dans les troupes de sa Republique à Tenare, à Corinthe, & en l'isle de Delos, & il passa le reste de ses jours à l'étude de la Philosophie : il s'attacha fort aux sentimens d'Heraclite dans les choses Physiques, à ceux de Pythagore dans les choses intellectuelles, & il suivit Socrate dans la Morale : ainsi il se fit une Philosophie complete de ces trois Maistres.

Il vivoit honnestement avec les autres Philosophes : quoy que ce ne fust pas la maniere : car l'envie regnoit beaucoup parmy eux, & chacun se renfermoit dans son party. Il donnoit mesme quelquefois à manger à Diogene le Cynique, qui estoit un fanfaron de Philosophie, plûtost qu'un vray sage & un vray Philosophe : car il se piquoit mal à propos de faire l'independant, & il faisoit estat de censurer tout le monde, sans épargner Platon, qui ne laissoit pas de le traiter civilement. Un jour qu'il l'avoit invité à souper avec quelques Siciliens de ses amis, il avoit fait orner la sale du banquet assez proprement. Diogene qui ne pouvoit souffrir la propreté de Platon, & qui ne perdoit aucune occasion de censurer ses actions, commença à fouler aux pieds le tapis & les autres meubles, & dit fort brutalement : *je foule aux pieds l'orgueil de Platon* : & Platon luy répondit sagement, *il est vray Diogene ; mais vous le foulez par un plus grand orgueil.*

Quoy que Platon eust un caractere d'esprit, propre aux choses relevées, il ne laissoit pas d'aymer la raillerie : mais il railloit en homme de qualité, pour rendre la conversation aisée & commode, & sans offencer personne. Ses dialogues sont pleins de ces traits agreables, qui font voir la difference qu'il y a entre les hommes qui n'ont que de l'esprit, & ceux qui outre le naturel, ont encore de l'éducation. C'est pourquoy Platon recommandoit si fort à ses disciples, sur tout à Dion, & à Xenocrate de sacrifier aux Graces : on peut dire qu'il y avoit bien sacrifié luy-mesme. Car on ne pouvoit l'écouter sans le croire, ny le voir sans l'aymer. Il se trouve de certains fragmens d'epigrammes dans Apulée & dans l'anthologie, qui ont quelque raport à la delicatesse de son esprit : toutefois Marcile Ficin, dit que ces vers sont trop tendres pour estre de Platon, & qu'ils ne conviennent nullement à la gravité de ce grand homme : il assure mesme qu'Aristippe les avoit supposés, pour décrier la vertu de Platon. Dicearque, Athenée, Aulugelle sem-

Nos injuria Dicæarcus

blent favoriser cette supposition. Mais s'il y a quelqu'une de ces epigrammes qu'on puisse luy attribuer avec fondement; c'est sans doute celle qui a esté si vantée dans l'antiquité, d'un jeune homme que Platon aymoit. Du moins Apulée, le Tasse, & quelques autres modernes l'ont traduite, comme la croyant de Platon : & elle a eû une approbation si universelle, que cette opinion n'est pas sans apparence. Pour les amours avec cette Colophoniene, dont parlent Laërce & Athenée, & dont l'epigramme de l'anthologie fait mention, il en pourroit estre quelque chose, quoy que saint Augustin ne l'ait pas crû. Mais ce sont de ces foiblesses dont la philosophie payenne n'a pas eû la force de guerir les hommes.

accusat, qui auctore nostro Platone amori auctoritatem tribueremus. 4. *Tusc.*

Apulée pretend que la doctrine de Platon donna aux Dames, qui se piquoient d'esprit, l'envie d'estudier. Themistius assure qu'une estrangere ayant lû quelques livres de sa republique, se déguisa en homme, alla à Athenes, & estudia quelque temps de cette maniere sous Platon, sans se

Multi auditorum utriusque sexus in ejus] Philosophia floruerunt. Apul.

faire connoistre. Laërce & S. Clement d'Alexandrie nomment d'autres femmes qui firent la mesme chose. Ce qui donna lieu à quelques médisances, dont toute la sagesse & toute la gravité de Platon ne purent le sauver. Il estoit difficile de s'en mettre à couvert dans une ville aussi corrompuë que celle d'Athenes; dont le divertissement le plus universel estoit d'examiner la conduite des autres, & de la censurer. Cependant on ne doit pas trop s'en raporter à Aristippe ou à Antisthenés, dont parle Athenée, ny a Athenée luy-mesme, non plus qu'à Apulée, à George de Trebisonde, & à quelques autres, pour ce qui regarde le jugement qu'on doit faire de la conduite de Platon: leurs témoignages doivent estre suspects, à cause de la préocupation qu'ils font paroistre contre ce Philosophe. Plutarque, Laërce, Valere Maxime, & Photius, raportent tant d'exemples de sa moderation en toutes choses, qu'on ne peut trouver en sa conduite tout au plus que de legers sujets de soupçon contre sa vertu. Le discours qu'il fait dans le Phedre contre Lysias en est un témoignage: enfin l'on peut dire qu'il estoit si fort au dessus de la médisance & de l'envie, qu'il méprisoit tous les méchans discours qu'on faisoit de luy, & il n'en faisoit jamais de personne ; ce qui estoit bien rare parmy les Philosophes de son temps.

Il est vray qu'il y eut de la froideur entre Xenophon & luy, quoy qu'ils eussent esté tout deux les disciples favoris de Socrate. Aulugelle rapporte que Xenophon apres avoir lû les deux premiers livres de la Republique de Platon, estant touché d'émulation pour le succés qu'ils avoient eû dans le monde, il écrivit ce bel ouvrage *de l'Institution de Cyrus*, afin d'opposer à cette idée de Republique que Platon vouloit establir, l'exemple d'une Monarchie, dont le gouvernement a quelque chose de plus grand & de plus parfait. Platon ne répondit à cet ouvrage que deux mots, qui se trouvent dans son troisiéme livre des loix ; *qu'à la verité Cyrus avoit esté grand Capitaine: mais qu'il estoit si peu capable de donner des regles pour gouverner un estat, que*

Aulug. lib. 14. c. 3.

Παιδείας δ' ἐκ ὀρθῆς ἥφθαι τὸ πάραπαν. ex Gell. loc. cit. sumpt. ex Athen.

mesme il n'avoit pas sceû conduire ses affaires, ny gouverner sa maison. Ciceron dans l'epistre qu'il écrit à son frere, pour sa conduite dans la province qu'il gouvernoit, dit que cette Institution de Cyrus n'est qu'un tableau de ce qu'il faudroit faire dans l'éducation d'un Prince, & l'image d'un gouvernement parfait. Mais qu'en ce qui regarde l'Histoire de Cyrus, il n'y a aucun fondement de verité : & Hermogene dans ses caracteres, fait passer pour une fable l'avanture d'Abradate & de Panthée, laquelle est un des grands ornemens de cet ouvrage.

Cyrus à Xenophonte non ad historiæ fidem scriptus, sed ad effigiem justi imperij ad Quin Frat. epist. 1.
Hermog. l. 2. de pr. orat.

Il est veritablement assés estrange que deux aussi grands hommes que Platon & Xenophon qui avoient estudié sous un mesme maistre, & traité les mesmes sujets, & presque de la mesme maniere, ayent esté si reservés à parler l'un de l'autre. C'est ce qui a donné lieu de croire qu'ils ne s'aimoient pas. Les sçavans qui sont venus apres eux l'ont jugé ainsi. Aulugelle dit qu'ils affecterent mesme de ne pas se nommer dans leurs ouvrages : il est certain toutefois qu'ils

Athen. l. 11.
Aul. 9. l. 14. c. 3.

ont parlé l'un de l'autre. Car Xenophon parle de Platon au livre troisiéme de ses Memoires, & Platon parle de Xenophon au troisiéme livre de ses Loix. Le peu d'estime que Platon eut pour Aristippe, estoit mieux fondé. Car Aristippe avoit de fausses vertus, & faisoit vanité de ses vices. Aussi Platon avoit plus de peine à souffrir le faste & la molesse de ce Philosophe, que les brutalités de Diogene. Il railloit agreablement des mœurs opposées de ces deux hommes. Mais le mépris qu'il avoit pour eux, ne troubloit point son repos: sa vertu estoit trop solide pour s'embarasser de si peu de chose. Ce qui la rendoit ferme, c'est qu'elle estoit soûtenuë par des sentimens sinceres de la Religion; car il remercioit les Dieux chaque jour de ce qu'il avoit eû Socrate pour Maistre, & de ce qu'ils l'avoient fait homme, ce qu'il mettoit au nombre des graces qu'il avoit receües du Ciel, estant persuadé de la Metempsycose, comme il l'estoit.

Enfin estant âgé de quatre-vingt & un an, il mourut d'une mort douce

& paisible, au milieu d'un banquet qu'il faisoit à ses amis le jour de sa naissance. La vie & la mort de ce Philosophe furent assés tranquilles. Outre les avantages de la naissance, il eût l'esprit grand, le naturel doux & facile, & une immense capacité; il fut honoré en son païs, estimé parmy les estrangers, & adoré de ses disciples: l'amour qu'il avoit pour l'estude fit son souverain plaisir, & il joüit de ce plaisir jusques au dernier jour de sa vie. Mais son estude n'avoit rien de ces meditations melancoliques & chagrines, qui noircissent l'esprit, & rendent l'homme sauvage. Au contraire il croyoit que le plus grand fruit de la science estoit de plaire à ceux qu'on vouloit instruire, & qu'il valoit mieux sçavoir vivre, que de sçavoir discourir. La douceur de son naturel le rendit aymable à tous ceux qui le connurent, & sa science a donné de l'admiration à toute la posterité. Il estoit dans une estime si universelle, qu'un jour estant allé à Syracuse au lieu où l'on celebroit les jeux Olympiques, qui estoit l'assemblée generale de toute la Grece: dés qu'il parut, on quitta les jeux & les spectacles, pour le voir. Il fut chery des grands pendant sa vie: & apres sa mort il se trouva des Roys & des Republiques, qui luy dresserent des statuës & des autels. Toutes ces qualités luy acquirent le nom de divin, & sa memoire est devenuë venerable à tous les siecles. Voila quel fut le merite & la gloire de Platon: parlons maintenant d'Aristote.

Il estoit de Stagire, petite ville de Macedoine: son pere s'apeloit Nicomachus, & fut Medecin du Roy Amyntas, ayeul d'Alexandre. On pretend que Nicomachus tiroit son origine d'Esculape fils d'Apollon. Aristote perdit son pere & sa mere dans les premieres années de son enfance. Proxene amy de son pere prit soin de son éducation: il l'éleva hors d'Athenes, & l'éleva mal: ce qui parut assez dans sa jeunesse. Car ayant commencé à estudier la grammaire, & ensuite la poëtique, il quitta ses estudes par pur libertinage, & abusa quelque temps de l'indulgence de son tuteur. Il reüssit neanmoins dans

CHAP. IV.
De la personne d'Aristote.

la poësie, témoin le poëme qu'il composa sur la mort des guerriers, qui furent tués au siege de Troye, dont Eustathius & Porphyre font mention. Ayant dissipé par ses débauches une partie du bien que son pere luy avoit laissé, il se jetta dans les troupes de la Republique, pendant que Lysistrate estoit Preteur. Mais ne reüssissant pas dans cette profession, il fut à Delphes consulter l'Oracle, sur le party qu'il devoit prendre, l'Oracle luy ordonna d'aller à Athenes, & de s'apliquer à la Philosophie.

Æl. lib. 5. c. 9.
Athen. lib 8.
Euseb. lib. 15.
de præp.
Evang.

Il estoit alors âgé de dix-sept ans : Olympiodore dit qu'il commença à estudier cette science sous Socrate : Ammonius & le Cardinal Bessarion sont de cet avis. Laërce n'en est pas. Mais si l'on s'en raporte à Eusebe, on trouvera que Socrate mourut en la troisiéme année de la quatrevingt-quinziéme Olympiade, & qu'Aristote nâquit en la quatre-vingt-dix-neuviéme; ce qui se trouve conforme à la supputation d'Apollodore, & de Denys d'Halicarnasse.

Ainsi il y a plus d'apparence qu'Aristote commença à estudier sous

Platon à dix-sept ans, & qu'il ne finit ses estudes qu'environ sa trente-septiéme année. Mais parce qu'il avoit dissipé son bien, il fut contraint pour subsister pendant quelque temps de faire un petit trafic de poudres de senteur & de remedes qu'il debitoit à Athenes. Il est vray qu'il estudioit avec une si grande application, qu'encore qu'il eust trouvé l'école de Platon remplie d'excellens esprits, il ne laissa pas de surpasser en peu de temps ceux qui surpassoient tous les autres. Il estoit infatigable dans son travail, & son Maistre fut surpris de l'ardeur avec laquelle il parcourut tout ce qu'il trouva d'écrits sur la Philosophie, qui estoient alors en quelque reputation. Platon le nomma l'ame de son école: & quand quelque indisposition ou quelque affaire empêchoit Aristote de s'y trouver, on disoit que le Philosophe de la verité n'y estoit pas, & on ne decidoit rien sans son avis.

Sa passion d'aprendre s'augmentoit de jour en jour: Laërce remarque qu'il mangeoit peu, qu'il dormoit encore moins: & que pour re-

Aristot. Mess. sen ex epist. Epicur. Ælian. ex lib. 5. c. 9. Athen. ex lib. 8.

sister à l'accablement du sommeil, il estendoit hors du lit une main, dans laquelle il portoit une boule d'airain, afin de se reveiller au bruit qu'elle faisoit en tombant dans un bassin : ce qu'Alexandre le Grand pratiqua depuis, au raport d'Ammian Marcellin. Mais comme c'est l'ordinaire des esprits profonds de se renfermer en eux-mesmes pour se donner tout entiers à la meditation, sans éclater au dehors, la reputation d'Aristote fit peu de bruit dans le monde pendant ces vingt années qu'il fut disciple de Platon : car il n'eût commerce avec personne, & il s'abstint de toute sorte de divertissement, pour ne dérober aucun moment à ses estudes. Platon qui craignoit que l'excés du travail ne nuisît à sa santé, l'exhortoit souvent à se ménager : mais son inclination estoit plus forte que l'autorité de son Maistre, & son temperamment melancolique, & porté à la contemplation l'entraînoit.

De là vient qu'il approfondissoit si fort les choses, & qu'il les disposoit dans un si grand ordre, quand il les avoit une fois approfondies. C'est

Alexander ænea concha supposita brachio extra cubile protento pilam tenebat argenteam ut cum nervorum vigorem sopor laxasset infusus tinnitus somnum abrumperet. Am. Marcel. lib. 16. Ammon. in ejus vita.

aussi par cette raison que Galien loüe *Gal. de nat.* Aristote d'avoir esté le premier des *poiess.* Philosophes, qui a cherché à fond les causes generales de tous les estres, & qui a le plus descendu dans leur détail particulier. Clement d'Ale- *Strom. lib. 1.* xandrie assure qu'Aristote eût des conferences à Athenes avec un Juif, pour s'instruire dans la religion des Egyptiens. Eusebe l'a dit aussi-bien que luy : l'un & l'autre l'ont crû sur le témoignage d'un Peripateticien nommé Clearque, & il est assés vray- *Clearc. lib. de* semblable que ce Philosophe pour *somno.* suppléer au voyage d'Egypte, qu'on croyoit alors necessaire pour devenir sçavant, se contenta de s'éclaircir en particulier des mysteres, & de la religion des Egyptiens, pour ménager le temps qu'on s'expose à perdre dans les voyages.

Il y avoit environ quinze ans qu'Aristote estudioit sous Platon, lors qu'il commença à prendre des sentimens differens de ceux de son Maistre. Comme c'estoit un esprit solide, & qui vouloit reduire toutes ses pensées sous des regles certaines, & fondées sur le raisonnement : il ne se contentoit pas de ces principes vagues, sur lesquels il sembloit que Platon establist sa doctrine. La hardiesse qu'eut Aristote de soûtenir ses sentimens contre Platon dans son école mesme, fut cause que son Maître conceût quelque dépit contre luy, & qu'il commença à blâmer sa dépense en ses habits, comme peu conforme à la profession d'un Philosophe. En effet, Aristote commençoit aussi à prendre un peu trop de soin de sa personne : mais Platon n'avoit pas fait semblant de le remarquer, avant qu'Aristote l'eut contrarié dans ses sentimens. Il est vray que le disciple à force d'examiner les opinions de son Maistre, & de les penetrer : son Maistre le prit pour un esprit pointilleux & contrariant. Ce qui donna lieu à Helladius & à Elien de dire que Platon s'en plaignit hautement, & traita son disciple & d'ingrat & de rebelle.

Laërce donne lieu de croire que l'animosité d'Aristote contre Platon, alla jusques à entreprendre d'ériger une école contre la sienne, mesme de son vivant. Mais Eusebe &

Euseb. de prep. Evang. Ammon. in vita Arist.

Ammonius le justifient entierement de ce reproche : & Philoponus assure que Cabrias & Timotheus, qui gouvernoient alors la Republique, & qui estoient parens de Platon, ne l'eussent pas souffert. On ne peut pas disconvenir qu'Aristote n'ait eû des opinions contraires à celle de Platon : & il semble qu'il n'est pas besoin de le justifier là dessus : parce qu'il n'y a rien de plus libre que l'esprit : & la reconnoissance envers un Maistre, n'oblige pas à épouser tous ses sentimens. Apres tout, il est certain qu'Aristote ne fit rien contre cette reconnoissance dans les choses essentielles : il conserva mesme jusques à la mort de Platon un grand respect pour luy, & il porta ce respect encore plus loin, afin de montrer la veneration qu'il avoit pour un homme si extraordinaire. Car il écrivit un discours pour honorer sa memoire : il luy dressa un autel comme à une divinité, & l'inscription de cet autel nous est restée dans l'anthologie.

Laer. in Plat.

La reconnoissance d'Aristote est d'autant plus loüable, qu'il avoit sujet de n'estre pas satisfait de Platon: Car Platon avoit choisi pour luy succeder en son école apres sa mort, Speusippus qui ne le meritoit pas tant que luy. Ce fut aussi cette preference qui obligea peut-estre Aristote de quitter Athenes, & de se retirer à Atarnie, petite ville de la Province de Mysie, vers l'Hellespont, où regnoit alors Hermias son ancien amy. Ce Prince le receut si bien, qu'il eut sujet de se consoler de son chagrin: car il luy donna sa sœur Pythias en mariage. Mais Aristote fut si transporté d'amour pour cette Princesse, qu'il luy fit des sacrifices, avec les mesmes ceremonies qu'on avoit accoûtumé d'en faire à la Deesse Cerés: & il composa un hymne à l'honneur d'Hermias son bien-faicteur, comme on en faisoit à Apollon.

Aristocl. apud Eus. lib. con. Phil. in notis Casaub. suprà Diog. Laer. in Arist.

Neanmoins Athenée qui ne pardonne rien à Aristote, le justifie sur cet hymne: & Aristocles Peripateticien fait passer ces sacrifices à Pythias, pour une calomnie toute pure d'un Pythagoricien nommé Lycon.

Aristote demeura trois ans avec Hermias. Mais ce Prince ayant esté pris

pris par Memnon General des armées du Roy de Perse : ce Philosophe se retira à Mitylene, ville capitale de Lesbos, où il demeura quelque-temps. Philippe Roy de Macedoine se rendit alors maistre de la Thrace, & presques de toute la Grece : & ayant sceu en quelle reputation Aristote y estoit : il luy écrivit une lettre fort civile, pour l'inviter de venir prendre soin de l'éducation de son fils Alexandre, âgé alors d'environ quatorze ans. Aristote accepta ces offres : & en huit années qu'il fut auprés de ce jeune Prince, il luy enseigna l'Eloquence, la Physique, la Morale, la Politique, ce qu'il y avoit de plus secret dans ces sciences, & une Philosophie particuliere, que ce grand homme n'apprenoit à personne, comme dit Plutarque.

Philippe & Olympias sa femme, voyant le progrés que faisoit leur fils, par les soins d'un si excellent maistre, firent ériger des statuës à Aristote, parmy celles que le peuple leur avoit dressées. Philippe fit rebastir Stagire, qui avoit esté ruïnée par les guerres precedentes, & remit à la consid-

Neque vero hoc fugit sapientissimum regem Philippum, qui Aristotelem, Alexandro filio doctorem acciret, à quo eodem ille & agendi præcepta acciperet & loquendi. Cic. 3. de Orat.

ration du maistre de son fils, les habitans en leur premiere liberté. Alexandre de son costé avoit une si grande estime pour Aristote, qu'il disoit hautement, qu'il luy estoit plus obligé qu'à Philippe: parce que son pere ne l'avoit fait que Prince, & que son maistre l'avoit rendu raisonnable. Certes il ne faloit pas un moindre maistre que celuy-là pour former Alexandre. Il est glorieux à Socrate d'avoir eu un disciple comme Platon, & à Platon d'avoir esté le maistre d'Aristote. Mais il est bien plus glorieux à Aristote d'avoir fait un disciple comme Alexandre, qui merita d'estre le Maistre de l'Univers. Cependant Lucien qui ne ménage personne, veut faire croire qu'Aristote éleva mal Alexandre, qu'il abusa de la bonté de son naturel, & qu'il fut le plus grand de ses flateurs. Mais Lucien est un railleur, qui pour soûtenir le caractere, qui luy reüssit le mieux, fait estat de tourner tout en ridicule, mesmes la Religion, la Philosophie, & la Royauté, qui sont les trois choses du monde les plus dignes de respect & de veneration.

Plutarc. in Alex.

Luc. in Dialog. Alex. & Diog.

Apres tout Aristote perdit les bonnes graces d'Alexandre par une avanture assés étrange. Callisthene un des Courtisans de ce Prince, proche parent d'Aristote, parloit un peu trop librement, Alexandre en avoit déja bien souffert. Mais ce jeune homme par une vertu trop austere, s'estant échapé un jour à blâmer trop ouvertement la conduite du Roy, il en fut mal traité: on pretend que de dépit, il écouta trop facilement des propositions que luy fit Hermolaüs, avec quelques autres Seigneurs de la Cour, contre la vie d'Alexandre. La conjuration fut découverte, Callisthene exposé aux lions, & Aristote ne fut pas exempt de soupçon.

Callisthenes interiit haud quaquam aulæ & assentantium ingenio accommodatus. Curt. l. 8. Plutarc. in Alex.

Mais pendant que l'amour de la gloire entraînoit Alexandre à la conqueste du monde, Aristote se retira à Athenes, où il fut tres-bien receû. Car à sa consideration Philippe avoit fait beaucoup de graces aux Atheniens. Apres la mort de Speusippus chef de l'école de Platon, Xenocrate avoit pris sa place: & Aristote la trouvant remplie, ne songea plus qu'à établir une autre école. Le dessein qu'il avoit de prendre une maniere differente de celle de Platon, & de se départir de ses sentimens, l'affermit dans cette pensée. Les Magistrats d'Athenes voulant reconnoître son merite, luy donnerent le Lycée, pour y establir sa nouvelle école : ce lieu devint celebre en peu de temps par le concours de ses disciples. Ce fut alors qu'il composa ses principaux ouvrages : neanmoins Plutarque dit, qu'il avoit déja écrit ses livres de Physique, de Morale, de Metaphysique & de Rhetorique : il rapporte mesme qu'Alexandre luy reprocha d'avoir rendu public, ce qu'il luy avoit enseigné : en quoy il n'estoit pas juste de vouloir dérober à Aristote une gloire si legitime, & à la posterité des ouvrages si utiles. Mais Alexandre pretendoit se mettre au dessus de tout le monde, aussi bien par sa science, que par son pouvoir, tant il aimoit la gloire.

Plut. in Alex.

Le mesme Plutarque dit aussi, qu'Aristote piqué des soupçons d'Alexandre, & des presens qu'il avoit envoyés à Xenocrate, en conceût tant de ressentiment, qu'il eut part à la conjuration d'Antipater. Xiphilin autorise en quelque maniere cette opinion, quand il décrit la sotte vanité de Caracalla. Cet extravagant Empereur, qui affectoit de ressembler en toutes choses à Alexandre, chassa d'Alexandrie les Philosophes Peripateticiens dans l'imagination, qu'Aristote avoit en effet contribué à la mort d'Alexandre. Mais n'en déplaise à Plutarque & à Xiphilin, cette opinion n'eut aucun fondement : du moins elle ne fit aucune impression sur l'esprit de ce Prince : qui mesme apres la mort de Callisthene, & dans le plus fort de ses conquestes ne laissa pas d'ordonner à Aristote de s'appliquer à la consideration des animaux. Il luy envoya huit cent talens, pour fournir à la dépence de cette estude, & luy donna un grand nombre de chasseurs & de pescheurs, pour travailler sur ses ordres, & luy apporter de tous costés, de quoy faire ses observations.

Cette liberalité & ces soins sont des témoignages de la grandeur d'ame qui estoit en ce Prince, aussi bien que des marques du peu d'im-

Quatre cent quatre-vingt mille escus ex supp. Bud.

Alexandro Rege inflammato cupidine animalium naturas noscendi, delegataque commentatione Aristoteli summo in omni scientia viro, aliquot hominum millia in totius Asiæ Græciæque tractu ei parere jussa

pression qu'avoit fait sur son esprit, le soupçon qu'il eut, qu'Aristote fust entré en la conjuration de Callisthene, que Quinte-Curce croit supposée.

Pour la conjuration d'Antipater qui empoisonna Alexandre, dont Plutarque accuse Aristote, il y a encore moins d'apparence: puis que Aristote vivoit en paix à Athenes sous la protection de ce Prince, & qu'il ne commença à estre exposé à la persecution de ses ennemis, qu'aprés sa mort. Car cette persecution luy fut suscitée par les artifices d'un Prestre de Cerés nommé Eurymedon dés qu'Alexandre fut mort. Ce Prêtre accusa Aristote d'impieté, & donna couleur à cette accusation, par l'hymne que ce Philosophe avoit autrefois composée à l'honneur d'Hermias, & par les Sacrifices qu'il avoit fait à sa sœur, comme à la Deesse Cerés. Aristote prit le party d'écrire aux Magistrats une Apologie fort ample, pour se justifier de ce crime: ne voulant pas s'exposer à se défendre en personne: outre qu'il n'avoit pas de grace à parler ; parce qu'il

&c. Plin. l. 8. c. 16. Athen. lib. 9. Ælian l. 4 Var. hist. c. 19. Callisthenes iuri in caput regis consilii innoxius. Curt. l. 8.

avoit la voix petite & desagreable.

Apres quoy ce Philosophe se retira à Calcis, ville d'Eubée, craignant le peuple d'Athenes, qui estoit delicat sur sa religion. Le seul souvenir du traitement que Socrate avoit receû de ce peuple dans une accusation pareille, épouvanta tellement Aristote : qu'on croit qu'il ayma mieux s'empoisonner, que de se livrer à ses ennemis. Saint Justin & saint Gregoire de Nazianze disent qu'il mourut de déplaisir, de n'avoir pû comprendre la cause du flus & du reflus de l'Euripe. Sur quoy quelques Modernes ont inventé cette fable, qui depuis a eu cours, que ce Philosophe se precipita dans l'Euripe, en disant ces paroles, *que l'Euripe m'engloutisse, puisque je ne le puis comprendre.*

D'autres croyent qu'il mourut de sa mort naturelle, & d'une douleur de colique : Censorin & Ammian Marcellin, asseurent qu'il estoit fort sujet à cette maladie. Cette derniere opinion me paroist plus vray-semblable : car quelle apparence y auroit-il, qu'un homme aussi avisé que

Propter morum rectitudinem pulsus Athenis. Alb. mag. v. eth. c. 1. Strabon. l. 10. & Suid.

Iustin. in adm. ad gentes. Greg. Naz. contra Iul.

Nonnus in Greg. Theol. Ioan. Vallen. Angl. Cel. Rhodig. l. 19. lect. antiq. Pic. Mirand. Censorin. de die nat. Am. lib. 10.

C iiij

l'estoit Aristote eut pû se resoudre à s'empoisonner : apres avoir pris ses seûretés contre les bizarreries des Atheniens par une retraite si sage, & n'estant plus en leur pouvoir : ou bien à s'abandonner au chagrin & au desespoir de ne pouvoir comprendre le flus & le reflus : luy qui sentoit son esprit borné sur tant d'autres choses, qu'il ignoroit sans en avoir d'inquietude. Il mourut dans son année climaterique à soixante & trois ans, le mesme âge auquel Demosthenes & Ciceron moururent : mais d'une mort violente. Ceux de Stagire enleverent son corps, & luy dresserent des autels. Il laissa une fille de Pythias, & un fils d'une autre femme. La fille fut mariée en seconde noces à un petit fils de Demaratus Roy de Lacedemone : & le fils est ce Nicomachus, qu'il ayma si tendrement, & auquel il adressa ses livres de Morale.

CHAP. V.
Comparaison de leurs mœurs & de leur esprit.

Pour conclure cette premiere partie qui ne regarde Platon & Aristote que pour leur personne : il semble qu'on peut former ce jugement de leur cœur & de leur esprit, sur l'abregé que je viens de faire de leurs vies. Les mœurs de Platon paroissent plus pures & plus innocentes que celles d'Aristote. La naissance & la bonne éducation contribuerent peut-estre à donner cet avantage à Platon, qui fut élevé en homme de qualité. Aristote fut reduit quelque temps à la necessité de faire l'empirique, pour avoir de quoy vivre : ainsi le mauvais estat de ses affaires l'engagea à une vie plus dépendante & plus meslée. Platon au retour de ses voyages vescut dans la retraite : & Aristote vescut assés long-temps à la Cour, exposé au tumulte de la vie qu'on y mene, & à toutes les avantures d'un courtisan. Son naturel parut principalement en la Cour d'Hermias, où il ne trouva rien qui le contraignit. Sa passion pour Pythias, les adorations qu'il luy rendit, & tout cet emportement si déreglé de son amour ; la maniere dont il abandonna le Prince dans sa disgrace; ses jalousies contre Speusippus ; ses animosités contre Xenocrate ; les intrigues qu'il eut dans la Cour de Philippe & dans celle d'Alexandre, qui furent l'une &

C v

l'autre assés delicates, & les soupçons pretendus d'Alexandre contre sa fidelité, font assés voir quel estoit le fond de son cœur. Platon qui s'estoit borné à ses livres & à son école eût beaucoup moins à demesler avec la fortune: ainsi sa vie fut plus simple, son cœur plus tranquille, sa conduite plus vertueuse, & tous ses sentimens plus honestes envers ses amis, & mesme plus religieux envers les dieux.

J'avoüe apres tout, que de toutes les vertus de Platon, celle qui me touche le plus, est sa pudeur & sa modestie: il ne parle jamais de son chef, luy qui sçavoit si bien parler. Ce n'est que par la bouche de son maistre qu'il s'explique: c'est Socrate qui dit tout ce que sçait Platon, & c'est le Maistre qui fait tous les honneurs de la science du disciple, ou plûtost c'est le disciple qui fait honneur à son Maistre de tout ce qu'il dit & de tout ce qu'il sçait: Ainsi jamais écolier n'a eû tant de reconnoissance pour son precepteur, que Platon en a eû pour Socrate. Aristote en use d'une maniere bien differente: il avance ses maximes, & debite sa doctrine

PARTIE.

purement de son fonds, sans faire jamais aucune mention de Platon, qui avoit esté son Maistre.

Pour les qualités de l'esprit, elles estoient extraordinaires dans l'un & dans l'autre: ils avoient le genie élevé & propre aux grandes choses: il est vray que l'esprit de Platon est plus brillant & plus poly: & celuy d'Aristote est plus vaste & plus profond: Platon a l'imagination vive, abondante, fertile en inventions, en idées, en expressions, en figures, donnant mille tours differens, & mille couleurs nouvelles, & toutes agreables à chaque chose: mais aprés tout, ce n'est souvent que de l'imagination: Aristote est dur & sec en tout ce qu'il dit: mais ce sont des raisons, que ce qu'il dit, quoy qu'il le dise sechement. Sa diction toute pure qu'elle est, a je ne sçay quoy d'austere, & ses obscurités ou naturelles, ou affectées dégoûtent & fatiguent la pluspart de ses lecteurs: Platon est delicat dans tout ce qu'il pense, & dans tout ce qu'il dit. Aristote ne l'est point du tout, pour estre plus naturel: Son style est simple & uny, mais serré &

nerveux ; celuy de Platon est grand & élevé, mais lâche & diffus : celuy-cy dit toûjours plus qu'il n'en faut dire, & celuy-là n'en dit jamais assez, & en laisse toûjours à penser plus qu'il n'en dit. L'un surprend l'esprit & l'éblouït par un caractere éclatant & fleury : l'autre l'éclaire & l'instruit par une methode juste & solide : & comme les raisonnemens de celuy-cy sont plus droits & plus simples, les raisonnemens de l'autre sont plus ingenieux & plus embarrassez. Platon donne de l'esprit par la fertilité du sien, & Aristote donne de la raison & du jugement, par l'impression du bon sens, qui paroist en tout ce qu'il dit. Enfin, Platon ne pense le plus souvent qu'à bien dire, & Aristote ne pense qu'à bien raisonner, à creuser les matieres, à en rechercher les principes, & de ces principes tirer des consequences infaillibles : au lieu que Platon en se donnant plus de liberté, embellit son discours, & plaist davantage ; mais par la trop grande envie qu'il a de plaire, il se laisse trop emporter à son éloquence : il est figuré en tout ce qu'il dit. Ce qui peut-estre a donné lieu à Longin de blâmer l'usage immoderé, qu'il fait des metaphores par une affectation trop grande du genre sublime, où il paroist excessif: les exordes du Timée, du Phedon, du Critias, du Parmenide ont toute l'élevation, & toute la grandeur de ce genre; & ils sortent un peu du caractere d'un Philosophe, & d'un homme, qui fait profession d'enseigner. Aristote se possede toûjours, il appelle les choses tout simplement par leur nom: comme il ne s'égare jamais, & qu'il ne s'éleve point: il est aussi moins sujet à tomber dans l'erreur que Platon, qui y fait tomber ceux qui s'attachent trop à luy: car il seduit par sa maniere d'instruire, qui est trop agreable.

Longin. c. 29. de Gen. sub.

Plato suavius ad legendum, quam potentius ad persuadendum scribit: contra Aristoteles plus roboris habet quam suavitatis. Carp. in Alcion.

Mais quoy que Platon ait excellé dans toutes les parties de l'Eloquence, qu'il ait esté un Orateur parfait au sentiment de Longin, qu'Hermogene assure dans ses idées, que l'Eloquence de ce Philosophe surpasse celle de tous les Orateurs: & quoy qu'Aristote ne soit nullement Eloquent: il fournit toutefois pour l'ordinaire du fond & du corps au discours: pendant que l'autre n'y donne

In omnibus quæ discenda. Oratori eminuit Plato. Fab. l. 1. c. 12.

que la couleur & la grace: c'est en ce sens qu'il faut prendre le sentiment de Quintilien, quand il dit que les Platoniciens, qui sont les principaux disciples de Socrate, perfectionnent beaucoup l'Orateur, en le preparant par leur maniere. Mais pour finir ce parallele, Ciceron pretend que Platon s'est attaché avec trop d'opiniâtreté à l'étude de la Geometrie, de la Musique & de l'Astronomie: en effet il a voulu trop raffiner sur cette connoissance des nombres, qu'il avoit prise des Pythagoriciens, & d'où il se fait des mysteres perpetuels, dans les raisonnemens les plus ordinaires de sa Philosophie. Aristote s'est borné aux choses sensibles, dont il fait le fondement le plus commun de sa science: sans s'élever au dessus de la matiere, par ces subtilités & ces rafinemens mysterieux des nombres, où Platon s'est épuisé l'esprit. Aprés tout la difference qu'il y a entre ces deux Philosophes, sera plus aisée à remarquer dans le détail de leur methode, qui est la seconde partie que je me suis proposée dans cette comparaison.

Oratorem futurum optime Socratici præparant. Fab. L.10. cap. 1.

Plato in Geometria, Musica, Astris, & numeris se contrivit. Cic. L.1. de fin.

LA MÉTHODE DE PLATON ET D'ARISTOTE.

SECONDE PARTIE.

CHAP. I.
La methode de Platon.

PLATON n'a pas de methode bien certaine, pour expliquer sa doctrine : Son genie paroist si libre, & son style est si meslé, qu'il semble qu'il ne suive aucune regle. Mais aprés tout, quand on le lit avec attention : on ne laisse pas d'y remarquer quelques traits d'une methode, qui luy est particuliere : en ce qu'elle garde une forte grande liberté, & qu'elle est pour ainsi dire composée de plusieurs methodes.

La premiere & la plus connuë de toutes ces methodes, est le Dialogue: il avoit pris cette maniere de Socrate, & des Philosophes de son temps. Diogene Laërce dit, que tout s'écrivoit alors de cette façon. Stilpon, Euclide, Glaucon, Simon l'Athenien, Xenophon écrivoient ainsi. Alexamene dont parle Aristote fut auteur de cette maniere d'écrire. Socrate s'y attacha comme à la plus naturelle pour instruire, & à la plus commode pour éclaircir les difficultés qui se rencontrent dans le détail des matieres qu'on examine: parce que dans la suite d'un discours continu, il échape bien des choses à celuy qu'on instruit, que les intervalles du Dialogue peuvent donner lieu d'examiner. Platon qui avoit esté formé par Socrate, trouva encore cette maniere d'enseigner plus conforme à son genie, qui estoit grand & élevé, mais libre, & qui s'accommodoit mieux d'un entretien sans suite, où l'on n'est pas obligé de s'attacher à un dessein, ny de se borner à un mesme sujet. L'esprit de Platon ne peut se contraindre, ny s'assujettir à des re-

Laer. in Plat.
Athen. l. 2.

Arist. in Poët.

gles: tout le distrait dans les matieres mesme où il est le plus exact: & il y a tant de varieté dans ses Dialogues, que Pic la Mirande assure que ses disciples mesme ne conviennent pas encore bien precisement du sujet principal qu'il y traite. Il parle par exemple dans les loix, de la nature de l'ame, de sa generation, & de son immortalité: il explique son eternité dans le Phedon, & dans le Timée: dans le Dialogue du Menon, qui est un discours de la vertu, il mesle un grand traité de Geometrie, où il montre que la vertu se peut enseigner par des principes, comme l'on enseigne la Geometrie. Dans son premier Alcibiade, qui est un discours de la nature de l'homme, il fait une grande disgression sur la Musique: & dans tous les sujets qu'il traite, il suit bien plus son genie que sa matiere: voilà son principal caractere. Ce n'est pas quand on y fait reflexion, qu'on ne s'apperçoive bien que ses détours ne font pas des égaremens: on y trouve mesme quand on y regarde de prés, que tout a du rapport au sujet principal dont il traite,

De Van. Doct. Gent l.1.c.4.

& il semble n'avoir pas de dessein en apparence : quoy qu'il en ait toûjours un caché. Mais l'on trouve aussi qu'il pourroit aller plus droit : & qu'il fait par ces détours plus de chemin qu'il ne faut, pour aller au but qu'il se propose.

Diogene croit que Platon s'estoit attaché à cette façon, dans le dessein d'examiner mieux les choses, par l'exposition qu'il en faisoit, & par ses interrogations & ses réponses. C'est ce qui luy fait dire dans son Cratyle, qu'un parfait Dialecticien est celuy qui sçait bien interroger, & bien répondre : Ce que Platon sçavoit tres-bien : car il estoit un grand Dialecticien, au sentiment mesme d'Aristote. Il y a deux difficultés à éclaircir sur les Dialogues de Platon: La premiere, s'ils ne contiennent que la doctrine toute pure de Socrate : ainsi que Platon semble luy-mesme le pretendre : la seconde, si ce sont en effet de veritables entretiens, & de veritables conferences, que ce Philosophe ait euës, avec les personnes qui y parlent.

Pour ce qui regarde la premiere

difficulté, il y a bien de l'apparence que tout ce que dit Platon dans ses Dialogues, n'est pas purement de son maistre : qu'il a meslé ses lumieres avec celles de Socrate, pour autoriser davantage sa doctrine, & pour donner plus de poids à ce qu'il avance, & à ce qu'il avoit apris dans ses voyages d'Egypte & d'Italie, qui probablement ne luy furent pas inutiles. Laërce est de ce sentiment, & dit ouvertement que *Platon a bien écrit des choses que Socrate n'a jamais dites.* Il y a cinq personnes dont Platon se sert dans ses Dialogues pour dire ses pensées, & pour s'expliquer : Socrate, Timée, Parmenide, l'Hoste d'Athenes, & celuy d'Eleate : qui sont deux personnes Anonymes. Il ne fait dire à Gorgias, à Thrasymaque, à Calliclés, à Polus, à Protagoras, à Euthydeme & aux autres, que ce qu'il n'aprouve pas, & ce qu'il veut refuter : & il a soin de faire parler chacun suivant son caractere.

Laer. in Plat.

Pour ce qui regarde la seconde difficulté, Athénée y répond dans son onziéme livre : où Timon blâme Platon d'avoir meslé dans ses Dialogues des choses qui n'ont jamais esté. En effet, on dit que Gorgias ayant oüi reciter le Dialogue qui porte son nom, declara qu'il estoit supposé, & qu'il n'avoit point dit ce que Platon luy faisoit dire. Phedon dit le mesme dans une pareille occasion ; & Parmenide ne peut avoir eû avec Socrate l'entretien que Platon luy attribuë : parce qu'ils n'ont pas vescu en mesme temps. Socrate ayant entendu luy-mesme reciter le Dialogue de Lysis, dit de Platon dans Laërce : *Ce jeune homme m'en fait bien acroire.* Et Xenophon dans Aulugelle assure que Socrate ne sçavoit ny la Physique ny les Mathematiques, & que les discours qu'on luy fait tenir sur ces sciences sont supposez. Mais le caractere du Dialogue permet ces libertés : comme Ciceron qui en usoit ainsi à l'imitation de Platon l'explique à Varron. Athenée ne laisse pas de reprocher sur ce sujet à Platon l'injustice qu'il a faite à Homere de l'avoir blâmé des fictions qu'il a meslées dans ces Poëmes : puisque Platon se donne luy-mesme cette liberté dans ses

Xenophon eos mentiri dicit, qui dissertationes de cæli natura aliisque disciplinis Socrati attribuerunt : quod cum scribit norat Platonem in cujus libris Socrates de Physica, Musica & Geometria disserit. Aul. l. 14. c. 4.

Puto fore, ut cum legeris, mirere id nos locutos, quod nunquam locuti sumus : sed nosti morem Dialogorum. Quæst. Acad. lib. 1.

Dialogues, où il traite de la Philosophie: laquelle devoit l'obliger à ne s'attacher qu'à la verité, mesmes jusques au scrupule.

La seconde methode de Platon est comme l'instrument le plus universel de la premiere, sçavoir la definition & la division, qu'il avoit prise de Socrate. Car ce sont les deux moyens les plus ordinaires dont il se sert, pour establir ce qu'il avance. En effet, on ne peut donner une parfaite connoissance des choses, qu'en faisant connoistre leur nature, ce qui se fait par la definition : & la voye la plus certaine pour y parvenir est la division. Laërce qui donne à Platon l'induction pour un troisiéme moyen, dont il se sert particulierement pour détruire ce qu'il veut refuter; en explique dans son troisiéme livre l'usage plus au long, aussi bien que celuy de l'ironie, que Socrate fait entrer en tout ce qu'il dit, sur tout quand il a affaire aux Sophistes. Mais je passe ces choses pour examiner ce qu'il y a de plus particulier & de plus caché dans la maniere de Platon.

C'est ce que j'appelle sa troisiéme methode, qui consiste à expliquer les choses humaines par les divines, les sensibles par les intellectuelles, les particulieres par les universelles, les images & les copies, par les idées, qui en sont les premiers modeles. Aristote assure que Platon avoit pris cette maniere de s'expliquer de Cratyle qui avoit esté disciple d'Heraclite, & d'Heraclite mesme: comme l'enseigne Averroës: & Marcille Ficin propose cette methode dans ses Epistres: où il dit que Platon dans le livre septiéme de sa Republique, declare que la Philosophie n'est autre chose, que s'élever de ce qui est corruptible & perissable, au premier principe qui est immuable & eternel. Il y a de l'apparence que Socrate qui avoit enseigné cette methode à Platon l'avoit apprise de cet Indien, dont parle Eusebe: qui estant à Athenes eut des conferences si particulieres avec Socrate. Car l'Indien luy ayant demandé ce que c'estoit, à son avis, qu'est-ce Philosophe: il luy répondit, que sçavoir bien vivre, c'estoit estre Philosophe: cet estranger, dit

Qui à sensibilibus tollebant scientiam, quod in perpetuo essent fluxu. ex interpret. ex Arab. A. l. 3. de an.

Euf. lib. 2. de præp. Evang. c. 1.

Eusebe, ne fut pas satisfait de cette réponse : pretendant qu'il se trompoit : & que pour avoir une parfaite connoissance des choses naturelles, il faloit commencer par connoistre les divines. Ce qui contenta si fort Socrate, que depuis il avoit coûtume de dire, qu'on ne pouvoit mieux connoistre le bien particulier, que par le bien universel. Ce qui est assez conforme à cette maxime, que les Grecs avoient aprise des Indiens au sentiment d'Aristoxene : que *le bien universel doit estre le plus considerable* : & cette maxime a du rapport à celle que saint Augustin apelle, *la voye de la sagesse* ; qui s'aplique à connoistre les choses dans leurs principes, & dans leur premier original, par la voye des idées. Ce Pere avoit apris cette methode de Platon, qu'il avoit fort estudié : Et quand on le suit & qu'on le penetre, sans s'arrester à l'écorce comme font la pluspart de ceux qui le lisent : on trouve qu'il n'explique souvent les choses, que par le rapport qu'elles ont à leur origine, les particulieres par les universelles, les sensibles qui paroissent,

Principalius est bonum universi ex Euseb. in præp. Evang. ibid. Via Sapientiæ. Aug l. 7. de Trinit.

par celles qui ne paroiſſent pas : & c'eſt particulierement par cette methode, que ſaint Auguſtin doit paſſer pour Platonicien: comme l'on peut voir dans la maniere dont il explique la grace. Je prend cet exemple, parce qu'il eſt celuy des Peres qui l'a mieux expliquée, & parce qu'on l'apelle le Theologien de la Grace.

La grace eſt un don, dit-il, ſouverainement parfait en qualité de don. Il y a trois choſes à conſiderer dans un don : celuy qui donne, celuy à qui l'on donne, & la maniere dont on donne. Celuy qui donne, pour donner dans la ſouveraine perfection, doit donner du ſien, & il doit eſtre dans le pouvoir & dans la diſpoſition de donner tout ce qui ſe peut donner: ainſi il doit eſtre ſouverainement bon pour donner volontiers, ſouverainement puiſſant pour donner liberalement, & ſouverainement independant, pour donner ſans eſperance de retour : autrement ce ſeroit un trafic & non pas un don. Celuy à qui l'on donne, doit ne rien meriter de ce qu'on luy donne : car ce ſeroit une juſtice, s'il le meritoit,
&

& il doit estre dans l'extreme besoin: car il pourroit se passer du don, & le refuser. Enfin pour la maniere dont on donne, elle doit estre libre : car ce qui se donne par contrainte, n'est pas donné, mais arraché : & le don doit prevenir le merite pour ne pas estre une recompense : il doit mesme preceder les desirs, les esperances, & les demandes de celuy qui le reçoit : parce qu'on pourroit le meriter par ces voyes-là. Toutes ces qualités se rencontrant dans la grace, & sur tout dans la premiere & la plus importante de toutes les graces, qui est la Redemption, elles la rendent un don souverainement parfait. Voila tout le traité de la grace de S. Augustin : & tout ce qu'il en dit en divers endroits de ses ouvrages, se peut reduire à ces principes. En quoy il imite Platon, qui a coûtume d'expliquer les choses par leurs idées, en les reduisant à l'estat où elles doivent estre, & non pas à celuy où elles sont, comme il le dit dans son dialogue du Sophiste. C'est ainsi qu'il donne l'idée de la sainteté dans son Eutyphron ; l'idée de la loy dans son

Minos, l'idée d'une ville parfaite dans ses loix : & que dans ses livres de la Republique il propose l'idée de la justice universelle d'une ville, avant que de proposer celle d'un Citoyen.

C'est ainsi que dans ces mesmes livres il trace le plan d'un gouvernement parfait qui, à le bien prendre, ne peut se pratiquer que par des hommes en idée, & dont Ciceron raille si agreablement : quand il dit, *que les avis de Caton dans les deliberations estoient quelquefois préjudiciables aux affaires : car il opinoit dans le gouvernement de la Republique Romaine, qui estoit toute corrompuë avec la mesme severité que s'il eut opiné dans la Republique de Platon.*

<small>Cato nocet interdum reip. dicit enim tanquam in Platonis πολιτεία, non tanquam in Romuli fæce sententiam. Epist. ad Att. l. 2. ep. 1.</small>

Cette methode des idées est la plus ordinaire de celles, dont Platon se sert, & la voye la plus propre à son sentiment pour bien connoistre les choses, parce qu'elle les reduit à leur principe : ce qui a rendu la doctrine de ses idées si celebre, & ce qui a si fort partagé les opinions des sçavans sur son sentiment : sçavoir si ces idées sont eternelles, subsistantes & hors de l'entendement de Dieu : comme l'a crû Ammonius disciple de Proclus, qui veut que ces idées, selon la doctrine de Platon, soient des modeles tout-à-fait separés de Dieu, sur lesquels il forme le plan de son ouvrage. Albert le Grand, saint Thomas, & Trapezuntius sont de cette opinion. Mais Plutarque, Alcinous, Plotin, Porphyre, Proclus, Jamblique, saint Augustin, Themistius, Simplicius, Plethon, & Marc Ficin sont d'un autre avis : ils enseignent tous d'un commun consentement, que Platon n'a point crû que ces idées fussent des formes existentes par elles-mesmes, & distinctes de la connoissance & de l'entendement de Dieu : comme Ammonius, & quelques autres l'ont imposé à Platon. Ces idées separées sont si absurdes, qu'il n'y a aucune apparence que cette pensée ait pu tomber dans l'esprit d'un Philosophe aussi raisonnable que Platon. Ainsi dans sa doctrine, l'idée du monde n'est autre chose que l'image que le createur s'en est formée.

Mais s'il est ainsi, Aristote s'est bien mépris, d'avoir declamé avec tant de chaleur contre les idées de Platon, puisque luy-mesme a esté de cette opinion : comme il paroist dans ses livres de metaphysique, & en plusieurs autres endroits de ses ouvrages. A quoy je réponds qu'Aristote a eû raison de combatre le sentiment de Platon sur les idées : car quoy que l'opinion de ce Philosophe n'ait rien de défectueux dans sa substance : elle est défectueuse dans sa maniere : dautant que Platon met dans Dieu deux degrés d'estre tout-à-fait distincts ; l'un de premier entendement, l'autre de premier principe de tous les estres en qualité de createur. Il pretend que ce premier entendement où se forment les idées, est l'original sur lequel le Createur prend ses desseins : & que ce principe estant distinct du Createur, les idées qui en sont les expressions en sont aussi distinctes. Et Aristote a eû raison de combatre cette doctrine, luy qui reconnoissoit une simplicité si pure dans l'essence de Dieu, qu'il ne pouvoit pas y souffrir ces idées

ὁ δυμιεργός.
τὸ νοερόν.
Plotin l. 3.
Enn. 5.

que Platon y diſtinguoit, en y diſtinguant l'entendement de Dieu d'avec Dieu meſme. C'eſt cette diſtinction qu'Ariſtote combatoit, en combattant les idées, comme des formes exterieures à ce premier eſtre, pour ne pas ſouffrir du mêlange ou de la compoſition dans ſa nature. C'eſt le ſentiment d'Ariſtote contre les idées de Platon : quoy que Simplicius ait crû, qu'il n'a eſté different de celuy de Platon ſur cette queſtion, que dans la maniere de s'expliquer : mais il n'eſt pas vray-ſemblable qu'un eſprit auſſi ſolide qu'Ariſtote ſe ſoit attaché à combatre des paroles, & ait fait paroiſtre tant de chaleur contre de ſimples expreſſions. Je devois en cette occaſion l'éclairciſſement que je viens de faire à la doctrine des idées de Platon, qui a donné lieu à ce different ſi celebre, qu'Ariſtote a eû avec luy ſur cette matiere : je retourne à mon ſujet.

Il ſe trouve enfin dans Platon une quatriéme methode encore plus cachée que les autres, qui conſiſte à expliquer la verité des choſes par leurs figures. Ce que Platon pratiquoit pour attirer plus de respect à sa doctrine, en la rendant plus mysterieuse par les voiles, dont il la couvroit. Les principaux interpretes de Platon ont encore augmenté l'opinion, qu'on a eû de leur maistre à cet égard. Marcile Ficin dit que Platon dans les matieres importantes qu'il traite, a toûjours quelque chose d'allegorique : & il ajoûte que c'est encore un mystere inconnu à ses Commentateurs, que cette figure de l'ame qu'il explique par les nombres, dont il parle dans le Timée : & que dans l'Epinomis il y a une enigme, qui n'est pas encore developée. La naissance de l'amour dans le Banquet, la guerre des Atheniens contre les peuples de la mer Atlantique racontée dans le Critias : Le char de l'ame, ses ailes, ses chevaux, & le cocher qu'il luy donne dans le Phedre. La fable de la generation des animaux par Promethée & par Epimethée dans le Protagoras, sont des allegories toutes pures, si l'on en veut croire Origene, Porphyre & Proclus; ainsi que le remarque Ficin sur le Parmenide.

Proclus, Jamblique, Porphyre.

In Plat. lib. de rep.

Quæ scripsit Plato de anima, & de ejus circuitu aliter intelligi debent, quam verba sonant. Ficin in Plat. Theol. l. 7. c. 4.

Socrate se servoit de cette maniere à l'imitation de Pythagore, ce qu'il faisoit principalement pour confondre l'arrogance des Sophistes, en cachant sous ces figures ce qu'il sçavoit le mieux : pendant que les Sophistes affectoient de montrer avec tant de faste, ce que mesme ils ne sçavoient pas. Platon apprit aussi cette Philosophie symbolique des Egyptiens, qui estant fort adonnés à la superstition, s'expliquoient toûjours de la Religion par des figures. Cette maniere de traiter des choses divines leur paroissoit plus respectueuse. Leurs Prestres entre les mains desquels estoient les mysteres, autoriserent cette methode, pour soûtenir leur credit, & pour s'attirer de la veneration par le respect des choses saintes qu'ils cachoient aux yeux du peuple, pour ne les pas profaner. Ils crurent mesme, comme le remarque Jamblique, dans un de ses ouvrages, où il a expliqué leurs mysteres, qu'ils devoient en user de la sorte, pour imiter la nature qui cache sous le voile exterieur du corps les perfections de l'esprit.

Quoy qu'il en foit, cette maniere de s'expliquer s'eſtoit ſi fort eſtablie dans l'Egypte, qu'il y a de l'apparence que les Egyptiens ayant eſté chaſſés de leur païs par Cambiſe qui en fut le conquerant : & s'eſtant depuis répandus dans toute l'Inde, ils y eſtablirent auſſi cette façon d'écrire par Hieroglyfiques, qui y eſt encore en uſage à preſent, meſme juſques dans la Chine, avec quelque rapport à celle qui eſtoit autrefois parmy les Egyptiens. Car ils expliquoient, comme j'ay dit, leurs penſées par des figures d'oyſeaux, d'animaux, & d'autres choſes ſenſibles qu'ils adoroient comme des divinités : & ce fut par cette raiſon que les Grecs donnerent à ces figures le nom d'Hieroglyfiques. Mais je ne prétend pas que cette maniere d'écrire ſymbolique, qui a eſté la plus ordinaire de Platon, ſoit univerſellement pratiquée dans tout ce qu'il a écrit. Car il dit des choſes fort à découvert, & qui ſont entenduës de tout le monde : comme il y en a qui ne ſont entenduës de perſonne, & qui ſont tout-à-fait allegoriques : &

Proclus son interprete le plus exact, avoüe qu'il n'écrit pas bien intelligiblement en beaucoup d'endroits. C'estoit la maniere la plus en usage dans l'école de Socrate, d'écrire les choses figurement: comme il paroist dans ce fameux tableau de Cebés, qui fut un des plus celebres disciples de Socrate. Car ce tableau qui a esté si estimé de toute la posterité, n'est qu'une representation toute pure de la vie humaine, sous les diverses figures dont il est remply. Voila ce qui se peut dire de plus précis sur la methode de Platon : voyons celle d'Aristote.

ἄπειρα καὶ-λύπως Procl.

IL ne faut pas s'estonner si la methode de Platon est si diverse & si peu certaine : parce que sa premiere maxime estant de ne rien assurer, & de douter de tout : il ne doit pas avoir de principes, n'ayant rien à establir. Aristote fut le premier des disciples de Platon, avec Xenocrate, qui abandonna cette maniere de douter pour s'éclaircir des choses en les aprofondissant : Si bien qu'il se fit une methode plus simple, & tout-ensemble plus certaine que n'é-

CHAP. II. *De la methode d'Aristote.*

In Platonis libris nihil affirmatur : quæritur de omnibus, nihil certi dicitur. Cic. Acad. quæst. l. 1. Vtrique Platonis ubertate pleni certam disciplinæ formulam composuerant: illam autem Socra-

toit celle de Platon : parce qu'il se fit des principes. Le premier de ses principes, est qu'il y a une science contre le sentiment de Platon, qui n'en croit point : parce qu'il ne croit rien de certain dans la nature : il tient que l'esprit de l'homme s'obscurcit dans le corps en y entrant, comme une lumiere s'esteint dans la bouë; que cette connoissance qu'a l'esprit de toutes choses, par la noblesse de son extraction divine & immortelle, se perd tout-à-fait par le commerce de la matiere : qu'ainsi la science qui luy vient par l'usage & l'experience des choses, n'est pas une veritable science, ce n'est qu'une reminiscence toute pure comme l'explique Plotin, Aristote est d'un sentiment contraire, il croit que l'ame n'a d'elle-mesme aucun principe de connoissance, quand elle s'unit au corps: qu'elle n'acquiert de connoissance que par les sens, qui sont comme autant de messagers establis, pour luy rendre compte de ce qui se passe hors d'elle ; que de ces connoissances particulieres, qui luy viennent par le ministere des sens, elle se forme d'el-

ticam de omnibus rebus, nulla affirmatione adhibita consuetudinem disserendi reliquerunt. Cic. Acad. quæst.

Ἐκ παλαιῶν τύπων τῆς γενέσεως ἀπὸ κόντως. l. 3. Ennead. 5.

le-mesme, par l'operation de son entendement, des connoissances universelles, certaines, évidentes, qui font la science.

Ainsi la premiere methode d'Aristote est tout-à-fait opposée à celle de Platon. Car Platon pretend que pour parvenir à la connoissance des choses, il faut commencer par les universelles, & puis descendre aux particulieres ; & Aristote veut que de la connoissance des choses particulieres & sensibles, on monte à la connoissance des choses generales & immaterielles : estant persuadé de ce principe, qu'il tient pour indubitable ; *que rien ne peut entrer dans l'esprit que par le sens :* car l'homme estant fait comme il est, il ne peut juger des choses sensibles avec quelque certitude, autrement que par les sens. La maxime de Platon est de faire connoistre les choses par les idées, qui en sont comme les premiers originaux ; celle d'Aristote est de les faire connoistre par les effets qui sont les expressions & les copies de ces idées. L'ordre que Platon establit, est celuy de la nature qui se suit

Aristoteles ad sensibilia traduxit, quæ Pythagorici de numeris & substantiis intelligibilibus dixere. Bessar. Card. in cælum l. 1. c. 4.

Nihil est in intellectu quod non fuerit prius in sensu ex Aver. text. in Arist. lib. 1. post. analic. c. 13.

elle-mesme, procedant de la cause aux effets: celuy d'Aristote est l'ordre de la connoissance de l'esprit, qui ne va à la cause que par l'effet. Ce que saint Augustin apelle *la voye de la science*, qu'il oppose à celle de la *Sapience*, & dont il parle dans ses livres de la Trinité. Voila la premiere methode d'Aristote, qu'il avoit prise de cet Archytas, qui fut disciple de Pythagore, & qu'Architas avoit aprise de Dexippus. Ce Dexippus dans l'ordre des categories dont il avoit dressé le premier plan, mettoit la substance à la teste des autres categories, comme la plus materielle & la plus sensible. Mais parce que cette connoissance des choses universelles, formée par la connoissance des particulieres a un principe fautif & sujet à l'erreur, qui est le sens: Aristote cherche le moyen de rectifier ce principe, en le rendant infaillible, par le moyen de son organe universel.

C'est la seconde methode d'Aristote, & c'est dans cet organe qu'il establit l'art de la demonstration, par celuy du Syllogisme. Car la demon-

August. l. 7. de Trinit.

stration est sa methode la plus ordinaire ; comme le témoigne Ammonius, & Aristote apelle luy-mesme l'art du Syllogisme, sa methode principale. Sa Logique ne sert qu'à establir cette methode, tout ce qu'il y dit, y a du rapport : le livre des Categories traite des parties éloignées qui doivent entrer dans la composition du Syllogisme, qui sont les termes dans leur signification naturelle. Le livre de l'interpretation traite de la matiere prochaine du Syllogisme; c'est à dire des termes en tant qu'ils sont capables de liaison pour servir à l'énonciation, qui est la seconde operation de l'esprit : le livre des Analytiques considere le Syllogisme selon les deux parties essentielles qui le composent : c'est à dire selon sa matiere & sa forme ; & comme la matiere du Syllogisme peut estre ou necessaire, ou contingente, ou sophistique, elle est expliquée selon ces differences dans la suite de ces livres : Le livre des Topiques sert à demesler cette matiere, quand elle n'est que probable ou contingente : Le livre des Sophismes explique ce qu'elle a

Ammon. in Arist. vita

μέθοδον εὑρεῖν δι' ἧς ἂν δυναίμεθα συλλογίσασθαι περὶ παντός.
Top. cap. ult.

de faux & d'équivoque; & le livre des Analytiques posterieures expose ce qu'elle a de certain & de necessaire. C'est tout le détail de la methode d'Aristote, la plus parfaite & la plus accomplie de toutes les methodes. Car en effet la demonstration faite dans les principes, & de la maniere que ce Philosophe l'a conceuë, est la seule regle infaillible pour aquerir les sciences, le seul moyen qu'ait l'esprit de l'homme, pour parvenir à la certitude, qu'il cherche dans ses connoissances, & le seul instrument capable de rectifier la raison, par le discernement du vray & du faux. C'est aussi ce qui a rendu l'usage de cette methode si recommandable à tous ceux qui se sont meslées de science, & ce qui luy a attiré l'approbation universelle de tous les siecles, qui en ont eû la connoissance. C'est mesme ce qui a rendu cette methode si utile à nostre religion, qui s'en est accommodée pour l'établissement de sa doctrine bien mieux que de toutes les autres; & ce qui a fait dire à saint Jerôme, *que tout ce qu'il y a d'artifice & de perversité dans le*

Quidquid in sæculo perversorum est.

raisonnement humain, & tout ce que la science profane du monde a de force & de pouvoir, peut estre renversé par la methode d'Aristote.

Mais une des manieres des plus ordinaires, dont Aristote se sert dans ses demonstrations ; comme le remarque Averroés, est de resoudre les difficultés qu'on pourroit luy opposer, avant que d'establir ce qu'il propose : & cet art admirable qu'il a d'establir solidement ce qu'il avance, luy fait avoir du mépris pour la methode de la *division*, qu'il juge un moyen trop foible pour parvenir à la demonstration. C'est pour cela qu'il l'apelle *un Syllogisme defectueux & imparfait*, quoy qu'elle fust ordinaire à Platon. Ce n'est pas qu'Aristote ne mette fort en usage l'*Analyse*, sur tout dans les matieres où il est obligé de descendre dans le détail des choses pour les examiner à fond ; & pour s'en faire une connoissance plus distincte. L'estime mesme qu'il fait de cette methode paroist, en ce qu'il cite souvent dans ses autres livres, ses Analytiques.

C'est par cette discussion qu'il

dogmatum, quidquid ad terrenam sapientiam pertinet, & putatur esse robustum, hoc dialectica arte subvertetur. *com. in Ezechiel.*

fait des matieres, dont il traite, qu'il les penetre, & qu'il y découvre ce qu'il y a de plus essentiel: pendant que les autres ne voient que l'écorce, & ne s'arrestent qu'à la superficie. Il est vray que les maximes qu'Aristote establit dans les sujets qu'il a examinés, sont si aprofondies qu'elles ne paroissent vrayes, qu'à ceux qui sçavent les penetrer. Ce qui fait que la pluspart de ses definitions semblent ou trop obscures, ou peu justes: on n'en convient qu'avec beaucoup de resistence d'esprit; parce qu'on n'en est pas convaincu d'abord. Mais d'autant plus qu'on les medite, on les trouve d'autant plus veritables; parce qu'elles sont toûjours fondées sur la nature & sur l'experience. Ce qui fait dire à un de ses plus intelligens interpretes, que *la doctrine d'Aristote a pour fondement le plus ordinaire, le sentiment commun du peuple, & le sens.*

[marginal note: Alex. Aphrod.]

Il faut toutefois convenir que cette profondeur d'esprit qu'a Aristote, luy oste souvent la liberté de s'expliquer avec toute la netteté qui seroit necessaire à un Philosophe qui veut instruire : C'est le défaut le plus ordinaire qu'on luy reproche. Themistius porte la chose trop loin, quand il dit qu'il y a de la folie de pretendre trouver le veritable sens d'Aristote dans tout ce qu'il dit : ce qui n'est vray aprés tout, que dans les choses où il a peine à prendre party. Simplicius a crû qu'Aristote se servoit de cette obscurité pour couvrir ses sentimens, au lieu de fables & de symboles qu'il n'aprouvoit pas dans Platon : parce qu'un Philosophe qui cherche la verité pour l'enseigner, doit la découvrir par des effets sensibles ; & parce que la verité ne peut estre déguisée sous la couleur & sous l'ombre des fables, qu'elle ne soit sujette à l'illusion, par des explications équivoques qu'on peut luy donner ; & enfin, parce que la verité pour se laisser voir toute pure, doit se manifester par l'évidence. Ce sont les raisons qu'il raporte dans sa Metaphysique, pour condamner *l. 3. Metaphys.* cette Philosophie symbolique, dont *c. 4.* se servoit Platon. Ainsi quand Aristote ne parle pas clairement, ce n'est pas toûjours tant par la qualité de son esprit, qui est naturellement profond, que par une affectation pure d'estre obscur & mysterieux, pour n'estre pas entendu sans explication ; ce qu'il declare assez par le titre qu'il donne à quelques-uns de ses livres, qu'il apelle *Acroamatiques*, parce qu'il falloit l'écouter pour le comprendre.

Mais je trouve dans sa maniere de s'expliquer une vertu que je ne puis assez admirer : car tout éclairé qu'il est, il est aussi le plus modeste & le moins affirmatif de tous les Philosophes : il n'assure presques point ce qu'il avance, il dit simplement que cela luy paroist ainsi, & il semble ne dire ce qu'il pense qu'en hesitant. Quand Aphrodisée ou Averroés parlent de sa doctrine, ils n'en parlent que comme d'une chose évidente, & qui ne se peut contester : & il n'en parle luy-mesme, qu'en doutant, & avec une retenuë admirable : il semble qu'il ait toûjours de la peine à decider: ce qui est un effet d'une connoissance plus profonde : car l'on void plus sa foibleſſe, quand on eſt plus éclairé. Son *peut-eſtre* qu'il meſle ſi souvent dans tout ce qu'il dit, me paroiſt ſi beau, & je le trouve ſi propre au caractere d'un homme profond & ſçavant, qui bien loin de s'évaporer, a aſſez de modeſtie pour ſe défier de ſes lumieres : que j'eſtime plus dans Ariſtote ſa retenuë & ſa moderation, que toute ſa penetration & ſa ſcience; car c'eſt la vertu d'une grande ame. Les grands genies heſitent, où les petits eſprits ne s'expliquent que par des deciſions, parce qu'ils n'ont pas aſſez de lumiere pour douter. Ce n'eſt pas ainſi que fait Ariſtote, il avoüe de bonne-foy dans les livres de la Generation, qu'il a de la peine à éclaircir les difficultés qu'il ſe propoſe : il dit ingenument dans ſes Meteores, que la cauſe qu'il rapporte des Cometes ne le ſatisfait pas : & dans les autres matieres qu'il examine, il ne donne ſes reſolutions que comme des doutes. C'eſt une ingenuité, qui me paroiſt

SECONDE PARTIE.

fans exemple, & que je ne puis affez admirer. Aprés l'éclaircissement de la methode de Platon & de celle d'Aristote, il reste à examiner leur doctrine pour en faire la comparaison : & c'est la troisiéme partie.

LA DOCTRINE DE PLATON ET D'ARISTOTE.

TROISIEME PARTIE.

A doctrine de Platon & d'Aristote est si vaste & si profonde, qu'il semble que Dieu n'ait envoyé ces deux Philosophes au monde, que pour y servir de modeles aux sçavans, & pour donner des instructions à toute la terre. En effet, ils ont ignoré peu de choses l'un & l'autre, & leurs pensées peuvent passer pour les regles de tous les arts, & pour les principes de toutes les sciences.

Nihil tantus vir ignorare potuit. Macrob. de Arist. Finis humani intellectus Aristoteles. Hieronym. adverf. Jovinian. lib. 1.

Mais parce que la Philosophie est seule capable de rendre l'homme sçavant par la connoissance certaine qu'elle luy donne des choses: & qu'elle seule s'aplique à perfectionner l'esprit, pendant que les autres sciences s'ocupent à exercer la memoire, ou à embellir l'imagination: c'est à la Philosophie que je m'arreste particulierement pour examiner leur doctrine: c'est elle qui délivre l'entendement de l'erreur par la Logique, & le cœur des passions par la Morale, pour disposer l'homme par cette preparation à la connoissance des choses naturelles par la Physique; & enfin à la contemplation des choses sur-naturelles par la Metaphysique. Ce sont les quatre parties dont la Philosophie est composée: & c'est dans l'ordre de ces parties que j'examine la Philosophie de Platon & d'Aristote.

CHAP. I.
La Logique de Platon.
Facta est ars differendi, quam minime probabat Socrates. Cic. Acad. I.

PLATON n'a écrit aucun ouvrage qui porte le nom de Dialectique ou de Logique, comme cette partie a esté apellée depuis: parce que Socrate l'estimoit peu. Il est vray que Plotin a écrit un livre de la Diale-

PARTIE. 95

ctique de Platon : mais il n'a donné aucune suite naturelle de preceptes pour establir cet art : & Apulée ayant entrepris de parler de la Philosophie de Platon, n'a fait mention que de sa Morale & de sa Physique : ce qu'il dit de la Logique est pris du livre de l'Interpretation qu'Aristote en a écrit. Mais apres tout, si l'on examine soigneusement la Logique de Platon, on trouvera qu'il en a une, dont la fin est de délivrer l'esprit de l'erreur & de l'opinion, pour y introduire la science : & cette science n'est autre chose que la reminiscence qu'il enseigne dans son Philebe, dans son Menon, dans les Livres de la Republique, & dans quelques autres endroits de ses Dialogues.

Alcino. c. 5. de doct. Plat.

Plat. l. 6. c. 7. de rep. in Sophist. & aliis locis.

Ainsi le premier employ de la Dialectique de Platon, est de purifier l'esprit, pour le disposer à la parfaite connoissance des choses par leurs idées : comme par exemple, il conduit l'esprit à la connoissance du bien, par la veritable idée du bien, à la connoissance de la beauté par l'idée de la beauté : car les seules idées des choses sont capables de donner cette connoissance certaine, qui fait la science: d'autant qu'elles sont immuables & eternelles, & que tout le reste est changeant: les sens mesme par qui l'on connoist ce que l'on connoist, sont trompeurs. C'est la fin que propose Platon à sa Dialectique: les moyens les plus ordinaires dont il se sert pour arriver à cette fin, sont la division, la definition, l'induction, & la supposition.

Par la division, dont il traite fort au long dans son Politique, il fait la veritable analysie du genre en ses especes: & il trouve par ce premier moyen la difference essentielle de chaque chose: ce moyen est la voye la plus certaine pour parvenir à la definition, comme le remarque Alcinous: & la definition fait connoistre l'essence. Ce qui a fait dire à Platon dans son Cratyle, que le Dialecticien est le seul capable de donner le nom aux choses: parce qu'il est le seul qui puisse en connoistre la nature. Par l'induction il remonte des choses singulieres aux universelles, & il fait voir les contrarietés des particulieres par les oppositions generales:

generales : Enfin par la supposition qui est son dernier moyen, il découvre comme par degrés les perfections & les imperfections des choses. Par exemple, il fait voir la beauté de l'esprit par la beauté du corps, & la beauté des devoirs par celle de l'esprit. Alcinoüs explique cet art plus au long, dans le Traité qu'il a fait de la doctrine de Platon. Plotin raporte les moyens, dont se sert ce Philosophe pour se garantir des Sophismes, par l'explication & la distinction des propositions, comme Socrate luy avoit enseigné : quoy que Socrate au sentiment d'Aristote fust plus habile à former des difficultés par ses interrogations, qu'à les resoudre par ses réponses. Voila en abregé tout l'art de la Dialectique de Platon, qu'on peut recueïllir de ses Dialogues du Cratyle, du Parmenide, du Protagoras, du Sophiste, de l'Euthydeme, & du Politique : elle se trouve dans tous ces endroits, comme par morceaux, sans suite, & sans liaison.

Alcin. c. 5. & 6. Plotin. l. 3. en. 5. c. 5.

On ne peut pas douter que Platon n'ait eû la connoissance des trois operations de l'esprit: il les a distinguées dans son Sophiste, & il a sçû sans doute les Categories, parce qu'il avoit vû l'ouvrage de cet Archytas, qui fut disciple de Pythagore, & le premier qui en ait écrit. Mais quoy qu'en dise Alcinoüs il n'a point du tout connu ny la forme du Syllogisme, ny la distinction des trois figures de l'argumentation. Aristote en est l'auteur, & tous les sçavans en conviennent: voyons sa Logique.

CHAP. II.
La Logique d'Aristote.

LA Logique d'Aristote est sans doute plus distincte & plus methodique que celle de Platon: & quoy qu'Aristote se soit fort servy de la Logique de Zenon d'Elée, qui en avoit écrit trois livres long-temps avant luy, quoy qu'il ait tiré de grandes lumieres de la Dialectique de cet Euclide, qui estoit de Megare, & disciple de Socrate: il est certain toutefois, qu'il a mieux connu la matiere de cet art, qu'il l'a plus approfondie, qu'il en a plus éclaircy les parties, & qu'il les a mieux arrangées qu'aucun des Philosophes, qui en eussent écrit avant luy. On peut dire qu'Archytas, Zenon, Euclide & Platon ont inventé la matiere de la Dialectique: mais qu'Aristote en a le seul dressé la forme: ce qui mesme luy a donné lieu de s'en faire honneur, & de dire que pour ce qui regarde la consommation du Syllogisme, les autres n'en ont rien dit avant luy. C'est luy en effet, qui a inventé l'art de la parfaite Demonstration, en renfermant la capacité presque infinie de l'esprit de l'homme, dans trois operations, comme dans des bornes fixes, au delà desquelles cet esprit tout libre & independant qu'il est, ne peut aller: c'est luy aussi qui a trouvé le secret de rectifier ces operations, pour en faire une matiere déterminée au Syllogisme.

περὶ δὲ τοῦ συλλογίζεσθαι παντελῶς οὐδὲν εἴχομεν πρότερον λέγειν. Elench. cap. ult.
In dialecticis nihil penitus, ut ipse testatur Aristoteles ab antiquis scriptum aut dictum erat. *Trapez. in comparat. Plat. & Arist. lib.* 1.

C'est luy enfin qui a reduit dans trois figures qu'il a inventées, toutes les liaisons imaginables des deux termes, qui composent l'énonciation avec le terme commun, pour establir la forme de la Demonstration; mais une forme toûjours directement concluante par une regle, qui porte le caractere de la mesme infaillibilité, que les demonstrations de la plus exacte Geometrie : c'est au Chapitre quatriéme du livre premier des Analytiques, qu'il explique ce nouvel art de la construction du Syllogisme. Et c'est par cet art merveilleux, que ce Philosophe a sceu trouver le moyen de donner à la pensée, qui est toute spirituelle la mesme regle qu'on impose à la quantité, qui est toute materielle ; & d'établir dans le raisonnement de l'esprit humain, & dans ses operations, qui sont essentiellement libres & contingentes, une infallibilité pareille à celle qui se trouve dans les demonstrations Geometriques, qui sont essentiellement necessaires. Ce qui me paroist si digne d'admiration, que je ne trouve rien de comparable à cet art dans toutes les productions les plus surprenantes de l'esprit de l'homme : car que peut-on concevoir de plus ingenieux, que cette invention des trois figures du Syllogisme, qui se forment de la diverse situation des deux termes, avec le terme commun dont il est composé ? Et que peut-on penser de plus admirable que la certitude & l'évidence de la conclusion apres les deux premisses; quand il n'y a rien de vicieux, ny dans la matiere, ny dans la forme?

En verité quand je fais reflexion à l'arrangement universel de la Logique d'Aristote, & à cet ordre merveilleux de toutes les parties qui la composent: quand j'examine les précautions que prend ce Philosophe dans la preparation generale de la matiere, qu'il destine à l'argumentation: c'est à dire à l'établissement de l'ouvrage le plus ferme & le plus solide que l'esprit humain puisse former: & sur le fond le plus fresle & le plus variable qu'on se puisse imaginer, qui est la pensée & la parole: je suis épouvanté de la grandeur du genie qui a pû concevoir un dessein pareil à celuy-là. Que n'a-t-il point fait aussi pour donner un caractere de fermeté & de consistence à une matiere si foible & si incertaine? cet ouvrage renfermoit des difficultés qui paroissoient insurmontables: il falloit oster l'ambiguité aux paroles, par une explication nette de ce qui estoit équivoque & de ce qui ne l'étoit pas, en fixant les termes à leur sens propre & naturel. Il eſtoit neceſſaire d'éclaircir la confuſion de la penſée ſi ordinaire à l'eſprit par la multiplicité de ſes idées, développer les plis & les replis des operations de cet eſprit, diſſiper l'embarras preſque inévitable des diverſes eſpeces de propoſitions particulieres, univerſelles, conditionelles, abſoluës, complexes, incomplexes, affirmatives, negatives, modales, équipollentes, & contradictoires : afin d'accouſtumer l'eſprit à une repreſentation nüe & ſimple, qu'il ſe doit former des objets, pour juger des choſes, comme elles ſont en elles-meſmes. Il falloit enfin découvrir les déguiſemens & les artifices de l'entendement, qui ſont innombrables, pour remedier à tous les défauts & à toutes les illuſions de l'argumentation, & mettre au jour les fauſſetés & les impoſtures de tous les Sophiſmes, & de tous les paralogiſmes imaginables.

Ce n'eſt pas tout : car ce grand homme apres avoir découvert entierement ce qu'il y a de plus obſcur &

de plus caché dans l'esprit : & apres avoir renfermé dans trois operations fort simples l'infinité de la pensée par cet art qu'il a inventé : il a encore trouvé le moyen de rectifier ces trois operations dans toutes les parties de sa Logique : il a corrigé les défauts de la premiere, par le livre des categories : dans lequel il enseigne à distinguer les idées de chaque chose, selon l'ordre naturel que l'entendement doit garder pour les concevoir : il a reformé les defauts de la seconde operation, qui est l'énonciation, dans le livre de l'Interpretation, & dans le traité *des postpredicamens & des antepredicamens :* où il explique la signification des termes, & les liaisons contingentes ou essentielles des uns avec les autres. Enfin il redresse ce qu'il y a de défectueux en la troisiéme operation dans les livres *des Topiques, des Analytiques, & des Sophismes* : & c'est dans ces livres qu'il establit la construction des trois syllogismes, du sophistique, qui fait l'erreur, du dialectique qui fait l'opinion, & du demonstratif qui est le seul syllogisme parfait par la qualité de sa matiere & de sa forme, & qui fait la science. Ainsi tout se suit dans la Logique d'Aristote, tout va au mesme but, & tout concourt à l'establissement de la demonstration par le syllogisme, qui est le principe universel de toutes les sciences. Car on ne peut rien sçavoir seurement sans cet art, dautant que par la demonstration non seulement on a une parfaite certitude que la chose est: mais on a encore une parfaite connoissance de la raison par laquelle elle est, qui est le fruit le plus essentiel de la science.

Si bien que toutes les Logiques des autres Philosophes anciens & modernes, ne sont bonnes qu'autant qu'elles ont de raport à la Logique d'Aristote: & à les bien examiner, on les trouvera défectueuses dans les choses où elles ne conviennent pas avec la Logique de ce Philosophe, qui doit estre la regle des autres Logiques, par l'art de la demonstration qui en est le fondement. Mais est-il certain qu'Aristote soit le veritable auteur de cet art? J'avoüe que pour en preparer la matiere, il

PARTIE. 105

s'est servy des Categories d'Archytas & d'Ocellus, qu'il a appris de Democrite & de Socrate l'usage de la définition, pour parvenir à cet art : qu'il a tiré du Cratyle de Platon la distinction des termes par leur propre signification : qu'il a pris du Dialogue de l'Euthydeme une partie des observations qu'il a faites dans son livre des Sophismes : que la premiere connoissance de la methode des consequences, & de tout cet art captieux des dilemmes luy est venuë de Zenon Eleate : que Timée de Locre luy a donné la premiere idée du Syllogisme, lequel fut depuis perfectionné par Zenon, comme il paroist dans le Commentaire de Proclus sur le Parmenide de Platon : & qu'enfin il a trouvé les premiers traits de la demonstration dans les propositions évidentes par elles-mesmes du Timée & du Theetete. Mais apres tout, il est indubitable qu'Aristote est le premier auteur de la forme du Syllogisme, & de la methode d'en rectifier parfaitement la matiere, en ostant la confusion aux pensées, l'équivoque aux paroles, l'artifice &

Demonstrandi viam rationemque certissimam quis unquam ante Aristotelem explicavit? Trapesunt. l. 1. de comp. Plat. & Arist. c. 4.
Aristoteles dialecticæ artis universæ

le déguisement aux propositions, dont se forment les Sophismes. Les principaux Interpretes d'Aristote sont de ce sentiment. Aristote l'avoüé luy-mesme, comme je l'ay remarqué sur la fin de ses livres de sa Dialectique : & Ciceron le declare assés ouvertement dans le livre de ses Topiques.

Ainsi la difference qu'il y a entre la Logique de Platon, & celle d'Aristote, est que celle de Platon est répanduë dans ses ouvrages, sans ordre, sans dessein, sans principes, & presque sans methode : & que celle d'Aristote est tout-à-fait reglée, & establie fort solidement dans toutes ses parties : & Gassendy ne l'auroit pas peut-estre trouvée imparfaite, par le supplément de Porphyre qu'il a crû necessaire pour y servir d'introduction : s'il eust fait reflexion que ce traité qui a esté mis à la teste de la Logique d'Aristote, est pris de sa Metaphysique, d'où Porphyre l'a tiré : & il y a apparence que ce supplément eust esté inutile, s'il ne se fust rien perdu des livres de Logique d'Aristote, dont

inventæ & perfectæ autorem se prædicavit. Ram. c.7.l.1.schol. dialect.
Ammon. in Arist. vita Philop. cap. 22. in analyt. Alex. Aphrod. Simpl. Averroés. Theod.Logot.

Diogene Laërce fait mention. Je passe à la Morale.

Laer. lib. 5.

CHAP. III.
La Morale de Platon.

C'est cette partie de la Philosophie qui apprend aux hommes à bien vivre, comme la Logique apprend à bien penser. Socrate a esté le premier auteur de la Morale : quoy qu'Esope en eust donné quelque temps avant luy des leçons qui avoient esté bien receuës du peuple, par l'art qu'il avoit de les rendre agreables avec ses fables, qui sont encore aujourd'huy si celebres. Mais il n'y a rien d'estably dans cette Morale d'Esope, comme dans celle de Platon, qui a un art & des principes, dont voicy l'abregé recueïlly de divers endroits des Dialogues de Phedon, où il traite de l'ame ; du Philebe, où il parle de la volupté ; du Banquet, où il décrit l'amour ; du Phedre, qui est un discours du bien ; du Menon, qui est un éloge de la vertu ; du Lachés, où il traite de la temperance ; du premier Hippias, où il parle de l'honesteté ; du second, où il parle du mensonge ; de ce qu'il dit de l'homme dans son premier & son second Alcibiade ; &

Socrates mihi videtur (quod constat inter omnes) primus à rebus occultis & ab ipsa natura involutis, avocavisse Philosophiam : ut de virtutibus & vitiis quæreret. Cic. Tusc. l. 1.

E vj

sur tout de ses livres de la Republique, où il a renfermé les principales maximes de la doctrine des Mœurs au sentiment de Marcile Ficin. C'est particulierement en ces livres qu'il establit la fin des actions humaines, pour le premier principe de sa Morale. Car l'homme ne peut agir conformement aux lumieres de la raison, sans se proposer une fin de ses actions, qui doit en estre le motif & le principe. La fin de l'homme dans chaque action, dit-il, est son bien, & la fin derniere de toutes ses actions est son souverain bien. Tout autre bien ne peut parfaitement remplir la capacité de ses desirs, qui est infinie. Le seul souverain bien, dit Platon, est le souverain estre : parce qu'il renferme tous les biens, & il peut estre possedé par l'entendement & par la volonté de l'homme, estant comme il est souverainement intelligible, & souverainement aymable. La vertu est la seule voye, à son sentiment, qui peut conduire à la possession de ce bien, en reprimant les mouvemens de l'appetit, qui luy sont contraires. C'est la vertu, dit-il, qui perfectionne l'homme, en reglant ses devoirs à l'égard de Dieu par la religion, & à l'égard de l'homme par la societé & l'amitié : il distingue les diverses especes d'amitié, il compte l'amour entre ces especes, il explique les effets du bon & du mauvais amour, de l'amour du mary envers la femme, du pere envers ses enfans, du citoyen envers le citoyen & l'estranger; & enfin de cette amitié generale qui fait le lien de la societé, dont il donne une parfaite idée dans ses livres de la Republique.

Il marque aussi dans le mesme lieu divers traits de cette honesteté, qui est la vraye pratique de la Morale civile : il fait voir au jeune Alcibiade que l'honeste homme ne fait point le suffisant, quoy qu'il le soit, & qu'il ne se pique jamais de rien. Quoy qu'il y ait de la gloire à bien faire des vers, & d'estre assés grand Poëte pour ressembler à Homere, il avouë qu'il ne voudroit pas luy ressembler par cette qualité, qui devient honteuse dés qu'on s'en pique assés pour prétendre se faire considerer par si peu de chose ; & il declare dans son Gorgias qu'il ne trouveroit pas beau de devenir le maistre de la Grece par son éloquence, comme si Demosthene le fust devenu par la sienne, dautant qu'il trouvoit dans cet empire, que l'Orateur s'aquiert sur les esprits je ne sçay quel air d'usurpation qu'il n'approuvoit pas, tant sa Morale estoit delicate: il est vray que jamais Morale n'a esté plus droite que la sienne, ny plus propre à former un veritable honeste homme.

Dans l'abregé de ses loix il examine si l'homme peut estre souverainement heureux, ce qui est la fin de toute sa Morale : & il conclut contre l'opinion de quelques Philosophes de son temps, qu'il le peut en effet, autrement le plus naturel & le plus sincere de tous ses desirs, seroit le plus faux & le plus inutile. Mais il avouë aussi qu'il ne peut estre parfaitement heureux en cette vie, pendant que le corps & l'esprit, dont les interests sont si differens, sont unis ensemble. Ainsi il ne peut estre heureux qu'apres la mort, auquel temps les hommes seront punis ou recompensés, selon leur conduite, bonne ou mauvaise. Dans son Dialogue du Gorgias, il parle d'un Juge qui fera une destinée apres cette vie à un chacun selon son merite. Il traite fort amplement au dixiéme livre de sa Republique, de la recompense & de la punition des ames apres leur mort. Dans son Phedon il enseigne que cette vie n'est qu'une preparation à une autre plus parfaite, & que la Philosophie apprend à l'homme à bien mourir, en luy apprenant à estre le maistre de ses desirs. C'est à peu prés le détail de la Morale, qui se peut recueillir des ouvrages de Platon, où elle est répanduë, mais toûjours sans ordre & sans suite.

CHAP. IV.
La Morale d'Aristote.

LA Morale d'Aristote est plus simple à la verité, & moins éclatante que celle de Platon : mais elle est plus solide & plus suivie : en voicy l'abregé reduit en principes. Dans les dix livres qu'Aristote a écrit à son fils Nicomachus, il cherche quel est la fin derniere de l'homme, qui doit estre sa vraye felicité. Aprés avoir establi qu'il y en a une, il declare que ce n'est, ny les plaisirs du sens, ny les richesses, ou les autres biens du corps, ny les honneurs ny mesme la vertu : parce que tous ces biens ont rapport à un autre bien ; *& la vraye beatitude*, dit-il, *est un bien universellement desiré de tout le monde, qu'on desire par luy-mesme, & pour lequel on desire tous les autres biens*. C'est la définition qu'il en donne, comme ce bien ne peut s'acquerir que par la vertu, il explique ce que c'est que vertu : c'est une habitude au bien qui consiste dans une espece de milieu, qui se trouve entre les deux extrémités du vice : il montre ce que c'est que ce milieu dans le détail de la Force, de la Justice, de la Prudence, & de la Temperance, qui sont les vertus principales de sa Morale. Comme par exemple, ce milieu qui fait la vertu de Temperance regle la douleur & le plaisir, & reduit l'un & l'autre au temperament juste qui fait la vertu. Il y a de la foiblesse à trop aymer le plaisir, comme il y en a à trop craindre la douleur. La Temperance modere ces deux foiblesses, & devient une vertu par le temperament de l'une & de l'autre. Cela estant estably, il examine la nature de l'action qui porte l'homme à la vertu, qui est une operation libre de la volonté, qui se détermine au choix qu'elle fait du bien. Ce qui luy donne lieu d'expliquer au long ce que c'est que la volonté, par le détail de son action libre ou contrainte, volontaire ou non volontaire, qui est un des beaux endroits de la Morale d'Aristote, parce qu'il y explique tout ce qui regarde la liberté & toute l'œconomie des actions humaines: d'où il passe à la Force & à la Temperance. Il propose la nature & les effets de ces deux vertus: & à l'occasion de la temperance il suit toutes ces vertus qui en sont des dépendances, & qui ont les biens & les honneurs pour objet. Il dit, que la vertu qui regarde l'usage des grandes richesses est la magnificence. Celle qui ne regarde que l'usage des mediocres est la liberalité: la vertu qui regarde les honneurs ordinaires, est le desir de la gloire: celle qui regarde les honneurs extraordinaires, est la magnanimité: Et comme la

Temperance regle toutes les vertus qui regardent la societé, il les expose l'une aprés l'autre: La premiere qui s'occupe à oster les obstacles du commerce de la vie civile, en reprimant les rudesses & les aigreurs, est la douceur & la mansuetude, les autres vertus dépendantes de la temperance, qui contribuent à rendre ce commerce de la societé seur & agreable, sont la candeur ou la sincerité qui regle les pensées, l'affabilité qui regle les paroles, & la civilité qui regle les actions.

Ainsi aprés avoir estably dans la premiere partie de sa Morale, l'essence de la vertu privée, il establit dans la seconde la vertu civile: Il commence par la Justice dont il explique la nature, & en distingue les especes: il conclud le discours qu'il en fait par l'explication du droit naturel, qui est commun aux hommes & aux animaux, & du droit des gens qui n'est commun qu'aux hommes, parce qu'il fait de l'un & de l'autre les principes fondamentaux de la Justice. De là il descend aux vertus de l'entendement & puis à celles de la volonté: parmy les vertus de l'entendement, il compte la Prudence pour la plus considerable : parce que c'est elle seule qui fait la droite raison, sans laquelle il n'y a point de vertu. L'usage de la Prudence dans la vie civile est la Politique, comme celuy de la vie privée est l'œconomie : & l'objet general de cette vertu est ce qu'il faut faire, & ce qu'il ne faut pas faire, dans les circonstances des affaires qui se presentent.

Il descend jusques à l'explication des dispositions, & des obstacles de la vertu, qui sont les habitudes imparfaites : il dit que la molesse & l'impatience sont les obstacles à la vertu, comme la patience & la moderation en sont les dispositions : & il ajoûte que la douleur & le plaisir sont la matiere ordinaire de ces habitudes. Ce qui fournit un ample sujet à la Morale d'Aristote : car il reduit tout au plaisir & à la douleur, qui sont les ressors les plus ordinaires des mouvemens de l'ame, & le principe le plus universel des passions. Il conclut cette partie qui regarde la societé, & que

Ciceron a si bien expliquée dans le livre de ses Offices : par un traité de l'amitié qui est admirable : il en explique la nature, les differences l'usage dans la bonne & dans la mauvaise fortune, & sa necessité dans l'action la plus ordinaire à l'homme qui est la conversation : il remarque la conduite qu'il faut tenir dans l'amitié pour la cultiver, & il propose diverses questions sur l'amitié, dont il donne la resolution. Enfin, il acheve sa Morale par la beatitude, qui en est le principe & la fin, & il décrit la nature du veritable plaisir, pour donner une idée de la felicité; & quoy qu'il avoüe que la vertu est le seul moyen de l'acquerir, il pretend que la prosperité & les richesses y peuvent contribuer : & aprés avoir montré que la souveraine beatitude consiste dans l'action, il conclud qu'il y a une beatitude pratique, qui est celle de l'homme, & une purement contemplative qui est celle des Dieux.

Dans les deux livres des grandes Morales, il traite des moyens d'acquerir la vertu par les biens qu'il regarde comme les instrumens du bon-heur, il les distingue en trois sortes de biens, ceux du corps, ceux de la fortune, ceux de l'esprit; il considere ensuite les habitudes de l'ame, les principes de ses operations: & repassant sur ce qu'il a dit dans ses dix livres, il fait les caracteres de la probité, de l'adversité, & de la prosperité.

Enfin, dans ses sept livres à Eudeme qui estoit son amy & qui avoit esté son disciple, il y propose trois sortes de vie, une vie d'occupation, une vie de plaisir, & une vie de repos & de meditation: Il prefere la vie d'occupation & des affaires aux deux autres, il décrit les vertus necessaires à cette vie occupée, & il fait un éloge de la vertu en general, qu'il apelle comme Platon l'harmonie de l'ame par le reglement des passions; & il dit quelque chose des vices contraires à la vertu: Ce que S. Thomas a depuis expliqué plus au long dans sa seconde: Et pour consommer la Morale Theologie, il traite dans ses livres de la Republique, & dans ses livres de Politique, des societés & des gouvernemens de communautés, de

Villes, d'Estats, de Republiques, des loix, des deliberations, de l'autorité, de la paix, de la guerre, des seditions, des finances, du commerce, des arts, des devoirs du mary, de la femme, du pere, des enfans, des domestiques, des citoyens, sans oublier rien de ce qui regarde la vie civile, ou la vie privée.

Ainsi la Morale d'Aristote est peu differente de celle de Platon, pour les principes. Car ils conviennent d'une fin derniere de l'homme, du moyen d'y parvenir qui est la vertu: ils distinguent l'un & l'autre les vertus & les definissent en general de la mesme maniere. La difference qu'il peut y avoir, est que la Morale d'Aristote est trop humaine, & trop renfermée dans les bornes de cette vie, il ne propose presque point d'autre felicité à l'homme que celle de la vie civile. La Morale de Platon est plus noble & plus relevée; c'est une preparation à une vie plus pure & plus parfaite, & il pretend en son premier Alcibiade, que cette vie est une ressemblance à la vie de Dieu: En quoy il surpasse infiniment Ari-

Idem fons utrique eadem rerum expetendarum fugiendarumque partitio. Cic. 1. quæst. Acad.

Plato Aristotele divinior in Moralibus. Carp. in Alcib.

ſtote, auſſi-bien que dans l'idée univerſelle qui ſe forme de cette beatitude & de toutes ſes circonces.

Mais apres tout ce que dit Platon de la beauté de la vertu, & de la laideur du vice, des peines & des recompenſes des bonnes & des mauvaiſes actions, il le dit moins en Philoſophe qu'en Declamateur: il ſuppoſe les choſes, ſans les prouver: il veut plaire à l'eſprit, ſans ſe ſoucier de le convaincre. Au lieu qu'Ariſtote n'avance rien qu'il n'eſtabliſſe: avant que de parler de la derniere fin, il prouve qu'il y en a une: il examine en quoy elle conſiſte: & il ne dit ſon ſentiment qu'apres avoir refuté les ſentimens des autres. De façon qu'il éclaircit les doutes, & il eſtablit les verités avec un ordre, une netteté, & une penetration qui remplit tout ſon ſujet, & developpe toute ſa matiere. Et parlant en general, ce Philoſophe laiſſe échaper dans cet ouvrage admirable de ſa Morale de certaines eſtincelles de lumiere, & des traits de bon ſens, qui doivent eſtre des ſujets d'admiration à tous les sages, & à tous ceux qui se donnent le loisir d'y faire reflexion.

Lib. 3. c. 7. Ethic.

Comme par exemple, quand il distingue, dans l'idée qu'il donne du Magnanime, le vray brave d'avec le faux, en ce que le premier ne s'expose jamais aux grands perils, que pour de grandes choses, comme pour sa gloire, pour la patrie, pour son Prince, pour ses amis, & il ne s'y expose jamais qu'avec bien de la prudence & de la circonspection. Le faux brave au contraire s'expose à tout ce qui a de l'apparence de peril, pour peu de chose, inconsiderement, & sans précaution : ainsi ce n'est toûjours qu'un fanfaron, & non pas un vray brave.

Lib. 4. c. ultimo.

Il dit ailleurs que la pudeur qui peut estre une vertu dans un jeune homme, est un défaut dans un vieillard : parce qu'elle ne peut avoir d'excuse raisonnable que par l'ignorance, qui est honteuse dans une personne âgée : & quoy que la pudeur serve de frein à l'impudence qui est un vice, neanmoins toute pudeur qu'elle est, ce n'est pas une vertu.

Cap. 8. l. 4.

Il enseigne au quatriéme livre que la colere qui peut estre une vertu dans un soldat, est un vice dans un Capitaine. L'un agit de la teste, l'autre de la main, la colere ayde au second, & nuit au premier, & cette passion ne doit servir à celuy qui commande que d'un suplément à l'autorité. Il ajoûte au mesme lieu, que la colere est une passion moins injuste que l'incontinence, parce que la colere suit toûjours quelque apparence de raison, l'incontinence ne la connoist pas mesme. Il dit que la colere d'un homme sage est pire que celle d'un fou : comme la fureur d'une beste est moins dangereuse que celle d'un homme, parce que celle d'une beste est sans principe, sans methode, & sans dessein.

Il propose sur la fin du second livre une regle admirable de la maniere dont il faut juger de ces choses qui deviennent quelquefois dangereuses, parce qu'elles sont trop agreables. Cette regle est prise sur l'exemple du conseil que tint Priam dans l'Iliade d'Homere, quand on delibera de ce qu'il faloit faire d'Helene, lors que la ville de Troye fut assiegée par les Grecs. Le conseil loüa la

Ἐν παντὶ δ
μάλιϛα φυ-
λακτέον τὸ
ἡδὺ. Ethic. 2.

beauté de cette Princesse sans s'y laisser surprendre : & il ordonna qu'elle fust renvoyée en son païs sans en estre touché. C'est ainsi, dit Aristote, qu'il faut juger du plaisir, sans exposer son integrité, en s'y laissant corrompre: & c'est ainsi qu'il faut y renoncer, sans mesme le ressentir, ce qui est un des grands écueils de la vie. Car il est assés difficile à l'homme de n'estre pas sensible au plaisir, dans une aussi grande fragilité qu'est la sienne.

Il dit au commencement du troisiéme Livre, que dans les deliberations de Morale rien n'est d'ordinaire plus embarassant, que le discernement juste qu'il faut faire de deux biens utiles, ou de deux biens honestes, pour suivre l'un plûtost que l'autre. Comme par exemple, si Hippolyte solicité par les empressemens & les caresses de sa belle mere, doit se taire & mourir, ou s'il doit parler ; s'il parle, il deshonore la Princesse qui l'ayme ; s'il se tait, il se deshonore luy-mesme, & tout innocent qu'il est, il passe pour criminel auprés de Thesée son pere.

Aristote conclut qu'il n'y a rien de plus difficile, que de sçavoir bien precisément le party qu'on doit prendre entre deux extremités si opposées, & qui ne sont ny l'une ny l'autre contraires à l'honesteté. Mais rien ne se peut dire de plus honeste, ny mesme de plus conscien-cieux, que ce qu'il dit au mesme lieu qu'on doit souffrir, & jusques où l'on doit souffrir pour faire son devoir. C'est-là qu'il propose si l'on doit faire quelque chose d'injuste pour sauver un amy ou un de ses proches qui seroit entre les mains d'un Tyran : & il regle les choses d'une maniere, qu'on trouve en cet endroit la veritable distinction & l'ordre naturel des devoirs pour les reduire à une juste dépendance les uns des autres. Le milieu qu'il establit entre la simplicité & la finesse, dans son Traité de la Prudence, afin que la simplicité ne tombe point en bestise, ny l'industrie en finesse & en artifice, est un grand principe pour sçavoir vivre dans le monde. Il donne par cette distinction le juste temperament, qui fait la vraye bonté

Lib. 6. Ethic.

du cœur & de l'esprit. Il remarque au mesme lieu que la prudence est la regle des actions de l'homme, comme l'art est celle des operations. Il remarque dans son Traité de l'Amitié, que les bien-faits & les services qu'on reçoit reciproquement de ses amys, ne doivent estre que des suites, & des effets de l'amitié, & n'en doivent jamais estre la cause.

Mais rien ne me paroist dans toute la Morale d'Aristote d'un jugement plus exquis & d'une plus grande penetration, que l'observation qu'il fait au chapitre troisiéme du septiéme livre : où il enseigne que dans les deliberations des actions humaines, c'est le cœur qui delibere & qui conclut, non pas l'esprit : & que la decision de ce qu'il faut faire se prend moins des veuës de l'entendement que du mouvement de la volonté. C'est ainsi que l'homme sensuel dans son raisonnement prefere le plaisir à l'honesteté, parce que son cœur est moins touché du bien honeste que de l'agreable : le vertueux conclut au contraire, que le bien honeste est preferable au bien sensible : parce qu'il est plus conforme à ses mœurs & à son esprit. Ainsi chacun juge des choses selon le panchant de l'affection qui le possede : enfin c'est ainsi que la volonté entraîne l'entendement. Et c'est de ce principe que naissent tous ces faux raisonnemens de la passion & de l'interest, & d'où se forment tous les sophismes de l'amour propre, sous lequel fléchissent tous les devoirs : c'est aussi sur cette maxime que saint Augustin a establi toute la conduite de l'amour sensuel & de l'amour spirituel : sur quoy roule toute la Morale chrestienne. Aristote explique encore mieux ce mystere en cet endroit du livre septiéme, où il reduit le principe de toutes les actions de l'homme au plaisir & à la douleur, qui sont les deux ressorts universels des passions. Je me suis estendu plus au long sur la Morale d'Aristote, parce qu'elle me paroist son chef-d'œuvre : & le seul arrangement de cette Morale, reduite à nos manieres, selon l'ordre naturel des matieres, seroit à mon sentiment le plus beau dessein de livre qu'on se pust imaginer: voyons la Physique.

CHAP. V. La Physique de Platon.

IL n'y a rien où l'esprit de l'homme ait moins penetré que dans la connoissance de la nature. Il semble que Dieu ait pris plaisir d'exposer le monde en veuë, comme le plus bel ouvrage de sa toute-puissance; & de cacher à mesme temps à nos yeux les ressorts de cette vaste machine. La nature se fait sentir, mais ses voyes sont inconnuës: nous voyons ses effets, & nous en ignorons les principes. Depuis tant de siecles qu'on en dispute, on a de la peine à en convenir: de sorte qu'il semble que l'objet de la Physique est une matiere plûtost d'opinion que de science. C'est sans doute ce qui en rebuta Socrate: Platon s'y attacha davantage, attiré peut-estre par la communication qu'il eut des écrits des Pythagoriciens, qui entrerent dans la connoissance des choses naturelles, bien plus que les autres Philosophes qui l'avoient precedé.

Quoy que la Physique de Platon soit répanduë en divers endroits de ses Dialogues du Critias, du Phedre, du Parmenide, & du grand

PARTIE. 127

Hippias: elle est toutefois renfermée plus particulierement dans le Timée. C'est en ce traité qu'il establit pour principe de tous les estres naturels une matiere & une forme: il croit cette matiere eternelle & increée, & il prétend que la forme n'est qu'une participation toute pure de l'idée. Quoy qu'il se trouve dans ses écrits quelques vestiges des causes efficiente & finale, il les reduit neanmoins toutes à la cause ideale & à la materielle, comme Aristote le reproche à Platon au livre second de la generation. Il donne à cette matiere une quantité comme une de ses proprietés essentielles, & il y ajoûte toutes ces qualités purement accidentelles, comme la chaleur, la froideur, la secheresse, l'humidité, la legereté, la pesanteur, les odeurs, les couleurs, les saveurs, & les autres qui font les differences des corps mixtes.

L. 2. c. 2.

Outre ces qualités il admet divers genres de mouvement, le mouvement d'alteration, d'accroissement, de diminution, & le mouvement local: parce que ces choses se suivent

F iiij

les unes & les autres, & ont une liaison necessaire. Saint Justin dans son avertissement aux Gentils, dit que Platon met trois principes dans sa Physique, Dieu, la matiere, & l'idée, ce qui a du raport aux trois principes que le Cardinal Bessarion luy attribuë, qui sont l'ouvrage qui se fait, la matiere dont il se fait, le modele sur lequel il se fait. Proclus dans son Commentaire sur le Parmenide, dit que Platon veut que l'union de la forme & de la matiere se fasse par une certaine harmonie, qui n'est autre chose que la proportion mutuelle de ces deux parties. Ce sont-là les principes de la Physique de Platon, que ce Philosophe a rendu plus mysterieux par le trop grand attachement qu'il avoit à la Geometrie : en effet, il la faisoit entrer en tout sans menager ses sujets, & sans consulter sa matiere : c'est un reproche que luy fait Aristote, au raport de Mazzonius.

Mazzon. in Plat. & Arist. comparat.

CHAP. VI.
La Physique d'Aristote.

POUR Aristote il establit les principes de sa Physique, en renversant ceux des autres Philosophes. Melissus disciple de Pythagore enseignoit que l'unité d'un seul estre & son immobilité estoit le principe des choses naturelles : Parmenide vouloit que ce fust le froid & le chaud. Democrite jugeoit que ce devoit estre le solide & le vuide : Anaxagoras admettoit une quantité & une confusion de principes similaires. Aristote les refute tous, pour establir cette forme & cette matiere qu'il avoit prise des Pythagoriciens, ausquelles il ajoûtoit une privation pour troisiéme principe, afin de faire mieux comprendre le changement qui se fait dans la generation, qui est un mouvement : la matiere en est le sujet, la privation & la forme en sont les deux termes : & ce mouvement a pour principe le terme de départ qui est la privation, aussi-bien que la forme. Car on ne peut faire une colonne, par exemple, si la matiere dont on l'a fait n'a la privation de la forme d'une colonne, ce qui fait dire à Aristote que *le blanc se fait premierement de ce qui n'est pas blanc.* λευκον εξ ȣ λευκȣ. *Phys.* l. 1.

De sorte que le premier livre de la Physique, où il establit ses principes, n'est à mon avis qu'un Sistème tout pur, qui n'est bon que pour faire comprendre l'ordre de la generation des estres naturels. Le second livre qui traite des causes a quelque chose de plus clair ce me semble, & mesme de plus réel que le premier. La distinction qu'il y fait de l'art & de la nature, de la fortune & du hazard, avec cette admirable définition de la nature, me paroist fort solide & bien pensée. Ce qu'il dit au troisiéme livre & dans les suivans, un peu confusement à la verité, & sans sa methode ordinaire, ne laisse pas d'estre bien imaginé. La définition du mouvement est obscure d'abord : mais elle paroist veritable & naturelle, dés qu'on la penetre. Le traité de l'infiny du chapitre quatriéme du troisiéme livre n'est pas en sa place au sentiment de Gassendy. Ce qu'il dit du temps & du lieu au quatriéme livre font de grands discours, mais qui renferment ce que la Physique a de plus solide. Il parle pour la seconde fois du mouvement dans les livres suivans : & il semble retourner sur ses traces, &

Natura est principium motus & quietis. 2. 1 hyf.

Actus entis in potentia, prout in potentia.

Gass. in exerc. Phys.

se rencontrer luy-mesme.

Ainsi à regarder les choses dans leurs principes, la Physique de Platon & celle d'Aristote ne sont pas fort differentes : & comme elles avoient esté tirées d'une mesme source, c'est à dire de la Physique des Pytagoriciens, la plus raisonnable qui fut alors, elles devoient se ressembler. Ocellus fut le premier auteur de ces deux principes du corps physique, de la matiere & de la forme, pour expliquer le changement, qui se fait dans la generation du corps naturel, par quelque chose qui reçoit, & quelque chose qui est receû. Mais quoy que les principes de la Physique soient presques les mesmes dans ces deux Philosophes pour la composition des corps, pour leurs proprietés & leurs qualités : la maniere toutefois d'en traiter est bien differente. Car Platon a traité de la Physique fort superficiellement : & si l'on avoit recüeilly de ses ouvrages ce qu'il en a écrit, on ne feroit qu'un discours fort succint, & peu digne d'estre comparé aux huit livres de Physique d'Aristote,

Ocell. lib. de univ. c. 2.

où il a compris tout ce qui regarde les principes & les proprietés du corps naturel en general.

Sa Physique particuliere me paroist encore plus nette, & plus methodique par le détail de toutes les especes du corps naturel, auquel il descend. Il commence par le Ciel, les Astres, les Elemens, les Meteores; & dans les seuls livres des Meteores, il explique plus de choses de Physique que tous les Philosophes modernes ensemble: car il va jusques au plus petites particularités de chaque chose: c'est-là qu'il expose la maniere dont se font les metaux, les bitumes, les sels, les pierres, & tout ce qui se forme dans le sein de la terre: c'est au mesme lieu qu'il explique la différence des corps par leur figure exterieure dure ou molle, rude ou douce, roide ou flexible, friable ou tenace & gluante: il y parle de la concoction, de l'elixation, de la colliquefaction, & de la putrefaction des mesmes corps. Il y examine aussi les divers sentimens qu'on peut avoir des Elemens: si le feu brusle par le mouvement des parties rondes, aiguës, ou pyramidales, suiuant les sentimens des Philosophes de ce temps, qui se font les auteurs de bien des choses qu'Aristote a enseignées avant eux : comme de la pesanteur de l'air, qu'il prouve par l'experience d'un ballon, qui pese plus quand il est enflé : & Aristote ne s'est point mépris dans l'explication de la vitesse des corps pesans, comme luy ont reproché Galilei & Gassendy qui s'y sont eux-mesmes trompés. Enfin il a enseigné la nature & la difference des sons avec la proportion de toutes les consonances, aussi distinctement que les modernes, qui pretendent avoir découvert quelque chose de nouveau là dessus. Mais quand on y fera reflexion, on trouvera que tout ce qui a esté dit par Galilei, & par des Cartes sur les diverses vibrations de l'air, avoit esté déja observé par Aristote.

Je ne parle point du traité admirable qu'il a fait des couleurs, de celuy de la Physionomie, de la Musique, de la Medecine, & d'une infinité d'autres. Pour parler de son Histoire des Animaux qui me paroift merveilleufe : il eft vray qu'il tira pour y travailler de grands fecours des liberalités d'Alexandre. Mais outre l'application qu'il eût à cette eftude, outre les experiences qu'il fit luy-mefme fur quantité d'animaux ; il avoit auffi eû foin de s'inftruire de tout ce qui avoit efté écrit fur cette matiere par les Philofophes, les Medecins, les Hiftoriens, & les Poëtes qui l'avoient precedé: ainfi qu'il paroift par les citations frequentes qu'il fait d'Homere, d'Hefiode, d'Efchyle, & d'Euripide. Il cite auffi quelquefois Herodote, mais pour le refuter : car il le trouvoit peu feûr dans ce qu'il avançoit. Celuy d'où il a tiré plus de lumiere fur fon Hiftoire des Animaux, a efté Hippocrate grand obfervateur du corps de l'homme, mais il ne le nomme jamais : en quoy du Laurent le blâme d'ingratitude en fon livre de l'Anatomie, & avec raifon. Car ce que ce Philofophe dit de la conftruction du corps humain eft pris en partie d'Hippocrate : ce n'eft pas qu'il n'ait bien des chofes qu'il avoit obfervées par luy-mefme.

Quoy qu'il en soit, c'est à luy à qui l'on doit l'ordre & la methode qu'il a donnée à une matiere si vague & si embarrassée, que l'est ce traité des Animaux : & ce n'est pas peu d'en avoir reduit toutes les especes à de certains genres, de les avoir comprises dans une division juste, naturelle & complete, qu'il donne au commencement de son Histoire, & d'avoir estably des maximes generales dans la constitution des animaux, qui passent pour indubitables. C'est luy qui a crû des premiers que le sang se faisoit au cœur : ce qui avoit esté rejetté comme une erreur, & qui enfin s'est trouvé veritable par les experiences. La circulation du sang ne luy a pas esté inconnuë : puis que Herveus le premier des Modernes qui en ait écrit, cite un passage d'Aristote, pour faire voir qu'il ne l'a pas ignorée. J'avouë que la suite des temps a bien contribué à perfectionner la connoissance de cette matiere, & l'experience a bien ajoûté des choses à ce qu'Aristote en avoit écrit. Mais quelle force d'esprit n'a-t-il pas fallu pour en establir les principes, & pour mettre les choses dans l'ordre où il les a rangées ? Quelle merveille d'avoir trouvé par une démonstration des mécaniques le mouvement de l'equilibre dans le vol des oyseaux, dans le mouvement des poissons, & dans la démarche des animaux, qui ne pouvoit estre ny seure ny droite, sans l'arrangement des parties diverses du corps, dans un contrepoids juste ? Il a reduit à ces regles de mécanique, dont il a écrit des premiers, & long-temps mesme avant Archimede, des choses admirables dans le mouvement des corps naturels, dans l'equilibre des liqueurs, & mesme dans les choses artificielles, comme la direction des vaisseaux & de toutes les grandes machines. Il a découvert le premier par ces mesmes mécaniques, que le mouvement de l'animal est meslé d'agitation & de repos, qui se succedent l'un à l'autre dans les parties où se fait le mouvement, qui seroit impossible sans cette alternation. Je ne finirois jamais si je voulois entrer dans tout ce détail : & il faut finir pour examiner la Metaphysique de ces deux Philosophes.

OUTRE que Platon avoit appris la Metaphysique d'Hermogene disciple de Parmenide, il avoit une élevation d'esprit, & une si forte inclination à l'étude des choses surnaturelles, qu'il semble que toute sa Philosophie a du raport à sa Metaphysique. Car s'il mesle dans ces dialogues quelque consideration de Morale, de Physique, ou de Politique, ce n'est que par occasion, & pour raporter ce qu'il en dit à la connoissance des choses intellectuelles. Le principal objet de la Metaphysique est l'estre en general, & les proprietés de l'estre : voicy ce que Platon en a pensé. Il reconnoist dans son Parmenide un estre eternel qui n'a point esté engendré, & il trouve en cet estre une bonté qu'il apelle *le bon par luy-mesme*, un premier entendement, & une premiere vie. Proclus distingue dans Platon ces trois principes, comme trois estre differens, & Plotin ne les distingues pas, & il assure que c'est une mesme chose. Ce qui a donné lieu à quel-

CHAP. VII.
La Metaphysique de Platon.

αυτὸ ἀγαθὸν.

ques-uns des premiers Chrestiens sectateurs de Platon, de croire que ce Philosophe a eü quelque connoissance grossiere du Mystere ineffable de la Trinité. Mais cette distinction est purement naturelle, & elle n'a aucune proportion avec ce Mystere par l'inégalité & la dépendance que met Platon entre ces trois principes.

Il ajoûte deux proprietés à l'estre qu'il croit luy estre essentielles, sçavoir la puissance & l'acte, il joint encore l'unité & l'infinité, qui ont raport à l'acte & à la puissance. Et dans le Dialogue du Sophiste il compte cinq attributs apartenans à l'estre, l'essence, le mouvement, le repos, l'identité & la diversité, qui font la distinction universelle de tous les estres. Sur ces principes il establit trois sortes de Dieux, dont les uns sont purement intelligibles, les autres intellectuels, & intelligibles, les troisiémes purement intellectuels : il faudroit de grands discours pour examiner une speculation si profonde.

Il establit dans le dixiéme livre des Loix deux sortes d'intelligences, l'une bonne & l'autre mauvaise: on diroit par l'opposition qu'il met entre ces esprits, qu'il ait eû quelque connoissance imparfaite de la premiere guerre des Anges, de la façon dont il en parle: & il se trouve en divers endroits de ses Dialogues certains traits de nos mysteres, qui font voir que ce n'est pas tout-à-fait sans fondement que quelques-uns des premiers Peres de l'Eglise ont crû que ce Philosophe avoit eû quelque communication des livres de Moïse: & ce détail si particulier des choses de l'autre vie, dont il parle dans le Gorgias, dans le Protagoras, & dans le Politique, a fait dire à un Commentateur d'Alcinous qu'Aristote doit ceder à Platon pour la Metaphysique. *Carpent. in Alcin.*

A la verité, Aristote est plus simple & plus naturel en cette partie de la Philosophie, où il mesle toûjours sa Physique: le sens & la raison sont ses principaux guides, & c'est rarement qu'il s'éleve au dessus des connoissances naturelles. Il n'a point voulu se mesler de parler des choses qu'il n'a peu démontrer: ce qui l'a

CHAP. VIII.
La Metaphysique d'Aristote.

rendu si circonspect, comme dit le Cardinal Bessarion, à parler des choses surnaturelles. De sorte qu'aprés avoir refuté les opinions des anciens Philosophes sur les principes, il examine s'il y en a un : il le prouve, parce que la suite des effets & de leurs causes ne pouvant pas estre infinie, elle doit se borner à un premier moteur. Ce principe estant estably, il montre qu'il y a une science qui s'occupe à considerer l'estre purement en qualité d'estre ; il en examine la nature, les proprietés, les oppositions : & cette science est la Metaphysique : il trouve trois attributs entierement inseparables de l'être, l'unité, la bonté, la verité qui conviennent essentiellement à tous les estres : il distingue l'estre en acte & en puissance, en finy & infiny, en necessaire & contingent, en mesme & en different ; & de ces distinctions il fait divers ordres des natures specifiques & des particulieres, aprés avoir donné des notions certaines des natures universelles. C'est ce qu'il explique dans les six premiers livres : Il commence dans

Bessar l. 2. c. 4. contra calum.

le septiéme à s'élever à la connoissance du premier estre : il prouve que ce doit estre une substance : & aprés avoir donné la définition essentielle de la substance, il en explique les proprietés, le genre, l'espece, & la difference : il traite au livre huitiéme & neuviéme des Substances sensibles & materielles: dans le dixiéme il parle de l'unité; dans l'onziéme, il montre que les natures universelles sont le premier objet de la science : aprés avoir distingué les divers attributs de la Substance; dans le douziéme, il parle de la cause premiere ou du premier moteur: il conclut sa Metaphysique par l'unité de ce premier moteur, & par celle de Dieu : il parle mesme dans le chapitre huitiéme de ce dernier livre des Divinités de sa Religion, comme introduites par la fable: mais ce n'est pas tout-à-fait à découvert, qu'il en parle, ne croyant pas le peuple capable de ces verités. Dans les deux derniers livres qu'on ne croit pas d'Aristote, parce qu'il y a des redites estranges, il y a un discours des natures immaterielles, des idées, des nombres, des estres Mathematiques, de la generation des nombres contre les Pythagoriciens. Mais ces nombres ne peuvent pas estre comptés parmy les causes naturelles, comme Pythagore l'enseignoit.

Enfin, Aristote paroist en tout bien plus réel & plus seur dans toutes ses resolutions que Platon: il establit les choses par les principes: ce que Platon ne fait point, qui s'abandonne trop à ses pensées, pour s'estre laissé gaster aux fausses instructions qu'il prit des Egyptiens. Car comme c'estoit un peuple superstitieux, qui se plaisoit aux imaginations de ses Prestres, qui estoient ses Docteurs: ce Philosophe trouva leurs esprits pleins des idées qu'ils avoient prises des Juifs, apres leurs transmigrations à Babylone. Il se fit alors une confusion de sentimens sur la Religion, de ce que les Juifs croyoient par les maximes de leur loy, & de ce que les Prestres d'Egypte naturellement visionaires ajoûterent à cette creance, dont Platon qui vint en Egypte quelque-temps après, se remplit l'esprit: ce qui luy

PARTIE. 143

a fait dire tant de choses, qu'on ne peut excuser que par de veritables ou de pretenduës allegories. Il est vray que la suite dans laquelle nous avons les livres de Metaphysique d'Aristote n'est pas naturelle : Plutarque croit dans la vie d'Alexandre que ce Philosophe n'a pas pris le mesme soin pour les arranger, qu'il a pris dans ses autres ouvrages, & qu'il n'a pretendu laisser sa Metaphysique que comme un modele de science fort general, pour le proposer aux sçavans ; & pour l'abandonner à la posterité. Theophraste semble avoir establi l'ordre de ces livres dans un petit fragment de Metaphysique qu'il nous a laissé. Pasicratés disciple d'Aristote, croit que la premiere partie de la Metaphysique n'est pas en sa place. Nicolas de Damas est le seul qui ait crû l'ordre de ces livres naturel. Alexandre Aphrodisée, & Averoés ne sont pas de son sentiment.

ὑπόδειγμα τοῖς πεπαιδευμένοις. Plut. in Alex.

On pourroit comparer encore ces deux Philosophes, sur ce qu'ils ont écrit des autres arts & des autres sciences, comme de la Poëtique, de la Rhetorique, de la Jurisprudence, de la Politique, de la Grammaire : car ces deux grands hommes ont parlé de tout, ils ont donné des preceptes à toutes les conditions des hommes : les arts mesme les plus vils & les plus mécaniques, n'ont pas échapé à leur penetration. Mais il en est de mesme de ces arts, dont Platon & Aristote ont traité, comme de la Philosophie : Platon fait paroître du genie & de la grandeur d'esprit dans tout ce qu'il dit, mais il n'a nul principe & nulle methode dans ce qu'il en dit ; en quoy Aristote est si exact : Jamais Auteur n'a travaillé sur tant de matieres, ny les a plus approfondies : car il se trouve plus de sept cent quarante-sept volumes d'ouvrages qu'il a composés : si l'on s'en raporte au dénombrement qu'en fait François Patricius Philosophe Venitien. Pour moy je me contente d'en croire le sentiment de Diogene Laërce qui en compte prés de quatre cent. Mais la seule critique du nombre des ouvrages d'Aristote, seroit d'une discussion infinie : il suffit qu'on sçache que plus de cinquante

In discuss. Peripat.

te Auteurs auroient merité l'immortalité par les seuls écrits d'Aristote, tant le nombre en est grand & le prix extraordinaire : Et il semble que rien ne peut reüssir dans les sciences, & qu'on ne peut écrire aucune chose de solide, d'exact, de regulier, que conformément aux preceptes qu'il en a donnés dans ses livres. Aprés cela on osera sans façon préferer à ce grand homme des Philosophes Modernes, qui ne se sont rendus recommandables en ce siecle, que par des Physiques, dont le Systeme n'a rien de nouveau que l'ordre tout pur, qu'on y a donné aux opinions de Democrite, d'Epicure, & d'autres semblables. Mais il ne faut pas s'estonner de la fausseté de ce jugement ; c'est ainsi qu'est fait l'esprit de l'homme, qui se laisse moins toucher à la grandeur des choses qu'à leur nouveauté : En quoy nous sommes semblables aux enfans, que les grandes choses ne frapent point : parce qu'ils ne les comprennent pas ; & que les petites choses touchent, dés qu'elles leur paroissent nouvelles.

Je finis par deux reflexions, sur l'excellence & sur l'utilité de la doctrine de ces deux grands personnages, pour conclurre cette troisiéme partie. Pour l'excellence, il est à remarquer que non seulement la Logique & la Morale de Platon, sont moins solides que celles d'Aristote, comme je l'ay déja dit : mais qu'Aristote a porté l'une & l'autre dans un degré de perfection, à quoy il ne se peut rien ajoûter. Car dans sa Logique, il a donné l'art de corriger toutes les erreurs de la pensée, de dissiper toutes les fausses lueurs de l'esprit, & d'aller au devant de la précipitation naturelle des jugemens, pour faire un discernement juste du vray d'avec le faux : & ainsi sa Logique est parfaite. Il a bien senty cela luy-mesme : car c'est le seul de ses ouvrages dont il se fait honneur : il cite dans sa Morale & dans sa Physique les Philosophes dont il a tiré du secours, & il n'en cite aucun dans sa Dialectique : Il a aussi expliqué si distinctement tous les mouvemens du cœur de l'homme, & la fin & les motifs de tou-

Aristoteles in Physicis & Ethicis, Physicos, & Ethicos Philosophos permultos apellavit, in Logico organo neminem Logicæ Doctorem citavit. Ram: c. 7. l. 1 Schol. Dialect.

tes ses actions, qu'il semble que sa Morale, aussi bien que sa Logique soit dans sa derniere perfection : on ne peut ajoûter à l'une & à l'autre qu'un peu d'ordre qui y manque, pour en faire mieux paroistre les beautés, par un arrengement plus naturel des parties. Pour sa Physique je ne la croy imparfaite, que par le défaut de la matiere, qui pourroit estre plus connuë & plus penetrée, si elle estoit moins incertaine. Car on a beau dire, l'on ne sçait point bien à fond la nature qui est trop obscure : & ne faisons point les vains sur cela, nous sommes des ignorans. Mais de toutes les Physiques la plus raisonnable & la mieux fondée est celle d'Aristote : tout le monde n'en conviendra pas peut-estre : mais c'est particulierement de cette partie de la Philosophie, que le Sage a dit, *que Dieu avoit abandonné la connoissance du monde à la dispute des hommes* : j'avouë que cette partie n'est pas dans sa parfaite consommation, & qu'elle peut se perfectionner. La Metaphysique est un ramas de principes plûtost que de

Tradidit mūdum disputationi eorum. *Eccl. c. 3.*

preceptes, sur la connoissance des estres naturels, détachés de la matiere ; elle ne peut estre plus accomplie que par un ordre plus distinct. Les choses y estant d'une maniere la plus parfaite qu'on puisse imaginer, pour oster la confusion naturelle aux idées, par la distinction des termes & de leurs attributs. Saint Thomas en a fait de grands Eloges, Aristote l'apelle sa premiere Philosophie, parce que c'est comme une preparation à la Dialectique, laquelle est le fondement de toutes les Sciences. Sans la Dialectique l'on ne peut penser rien de juste : & le défaut le plus essentiel de ceux qui se meslent de parler ou d'écrire, est de ne la sçavoir pas comme il faut : Aristote n'impute dans le sixiéme livre de sa Metaphysique, les erreurs des anciens Philosophes, qu'à leur ignorance de la Dialectique.

L'utilité de la doctrine de Platon & d'Aristote est grande : par la lecture de Platon on aquiert cette fertilité d'imagination, & cette beauté d'esprit qui fait l'Eloquence, & tout ce qu'il y a de graces dans les

[marginal note: πρώτην φιλοσοφίαν.]

belles lettres : & la lecture d'Aristote forme le jugement par la justesse qu'elle imprime à la pensée, dont elle corrige tous les défauts. Platon fait les Orateurs, & les Poëtes par le commerce qu'on a avec luy. Cette methode qu'il a d'expliquer les choses par leurs idées, & de les dire non pas comme elles sont, mais comme elles doivent estre, & qu'il avoit prise d'Homere, a fait tous les grands hommes de son temps, & ceux qui l'ont esté depuis. C'est sur ce modele qu'Euripide, Sophocle, Demosthene, Hyperides, Eschine, Demadés, Lysias, Pindare, Carneadés, Ciceron, & Virgile se sont formés : car ils estoient tous Platoniciens ; comme c'est la methode d'Aristote qui a fait Theophraste, Philoxene, Demetrius le Phalerien, Galien, Boëce, Avicenne, Averroés, Alexandre d'Alés, saint Thomas, & tout ce qu'il y a eu de solide dans les grandes sciences. Ainsi c'est bien se méprendre, que de chercher des modelles ailleurs, que dans ces deux Auteurs, pour reüssir dans les lettres, & pour faire quelque progrés rai-

Plato dabit Oratoribus abitudinem. Fab. in Dialog.

sonnable dans les estudes, où l'on ne reüssit presque point, que parce qu'on ne les estudie pas. On y pensera peut-estre pour se détromper du mauvais goust, où sont la pluspart des Philosophes Modernes, qui croyent que la Philosophie d'Aristote est trop ancienne pour des esprits à la mode, & qu'on peut devenir sçavant sans Platon & sans Aristote.

au Rev. Esprit d'Caubonne
Capucin

LES SENTIMENS DES SCAVANS DE TOUS LES SIECLES, SUR LA DOCTRINE DE PLATON ET D'ARISTOTE,

Et les diverses avantures de leurs sectes.

QUATRIEME PARTIE.

APRES la mort de Platon, Speusippus son neveu luy succeda dans son école: il s'attacha à ses opinions: mais il s'écarta de sa conduite. Ses mœurs ne répondirent pas à sa doctrine; car il s'abandonna au plaisir. La secte de Platon fit peu de

CHAP. I.

Les avantures de la secte & de la doctrine de Platon, jusques à la venuë de nostre Seigneur.

G iiij

progrés pendant les huit ans que Speusippus enseigna dans l'Academie, à cause de son avarice: il rebutta ses écoliers par les recompenses qu'il exigea d'eux: & d'autant plus que Platon son predecesseur en avoit usé plus honestement, & d'une maniere plus des-interessée.

Xenocrate prit la place de Speusippus apres sa mort: il n'avoit aucun agrément dans sa maniere d'enseigner, il ne laissa pas de meriter l'estime du peuple par sa probité. Alexandre luy envoya des presens, qu'il refusa genereusement: ainsi il fit plus d'honneur à la doctrine de Platon, que celuy qui l'avoit precedé. Comme il avoit l'esprit decisif, il ne pût s'accommoder de la maniere de Socrate, qui se défioit trop de sa raison, & sembloit douter de tout: il s'attacha à celle d'Aristote, en establissant par des principes les choses qu'il avançoit. Polemon tint son école apres luy. Sa conduite estoit tres-déreglée, & il estoit fort débauché: mais il changea de vie, touché par un discours de Xenocrate sur la temperance. Valere Maxime

Val. Max. L. 6. Hist.

raconte son Histoire, Saint Augustin parle de cette avanture, & Lucien en raille à son ordinaire. Cratés & Crantor qui se suivirent dans l'école de Platon ne changerent rien à sa doctrine. Arcesilas qui leur succeda, y reforma quelque chose, en restablissant la methode de Socrate, qu'on avoit en quelque façon delaissée : & par cette reforme il fonda la seconde Academie. Zenon qui fut depuis le Chef des Stoïciens, avoit estudié sous Polemon avec Arcesilas. Zenon avoit l'esprit subtil, il faisoit profession de combatre les sentimens de Platon : cette opposition attacha encore plus Arcesilas à la doctrine de Socrate, & l'obligea mesme à cacher sous de nouveaux mysteres les veritables opinions de Platon, pour les faire valoir davantage.

Aug. epist. 130.
Lucian. in bisaccus.

Mos Socratis cum à posterioribus non esset retentus, Arcesilas eum revocavit. Cic. 2. de fin.

Arcesilas ignorantiæ magister, cum Zenoni obtrectaret, autore Socrate suscepit hanc sententiam, ut nihil sciri posse statueret. Lactanc. l. 3. c. 6.

On s'appliquoit alors dans Athenes avec bien de la chaleur à la Philosophie : c'est pourquoy il s'éleva plusieurs sectes de Philosophes, dont les principales furent celles des Stoïciens & des Epicuriens. Et comme il y a toûjours des esprits naturellement libres & d'autres naturellement esclaves, chacun prit party selon son genie, & se mit ou à la teste, ou à la suite de toutes ces sectes, qui partagerent les esprits de la Grece, & ensuite de tout l'Univers. Mais les opinions de Zenon & d'Epicure, eurent plus de vogue que les autres, à cause de leur nouveauté : & par ce moyen elles interrompirent un peu le progrés de la secte de Platon.

Zenon.

Senserunt hoc Stoïci, qui servis & mulieribus Philosophandum esse dicebant. *Lact. l. 3. inst. c. 25.*

Zenon estoit de Chypre; il s'attira beaucoup de sectateurs, en recevant toutes sortes de personnes en son école, & disant que tout le monde estoit capable de sa Philosophie : il enseignoit dans le Portique d'Athenes, que les peintures de Polygnote avoient rendu si celebre; d'où ses disciples furent appellés Stoïciens. Quoy qu'il se declarast fort contre l'Academie, il ne laissa pas d'en prendre beaucoup d'opinions : il enseigna une espece de Metempsycose pour les ames, & une reminiscence pour les esprits, comme Platon : il ne donnoit rien à l'opinion, pour ne pas laisser son sage dans un estat incertain. La vertu estoit le souverain bien de sa Morale : il soûtint sa reputation par la pureté de ses mœurs, & par la frugalité de sa vie. Mais rien ne rendit cette Philosophie plus recommandable dans la suite, que la constance qu'elle inspiroit à ses sectateurs dans l'extremité des affaires : comme il parut en l'aventure de Caton, de Brutus, de Cassius, de Pætus, & d'autres semblables qui étoient Stoïciens. Antigonus successeur d'Alexandre dans la Macedoine, touché d'admiration de la vertu de Zenon, luy écrivit une lettre fort civile, pour estre admis en sa secte. Les Atheniens luy rendirent de grands honneurs. Ptolomée Roy d'Egypte luy envoya un Ambassadeur exprés, pour l'assurer de son estime : enfin cette Philosophie fut fort celebre dans ses commencemens. Mais la vertu que Zenon enseignoit, estoit si fausse en la pluspart de ses maximes, l'orgüeil qu'il avoit de vouloir rendre l'homme égal à Dieu, parut si vain, & l'idée de son sage sembla si chimerique, qu'on la tourna en ri-

Hoc mihi Philosophia promittit ut me Deo parem faciat. Sen. ep. 48.

Cic. in parad. & pro Muren.

dicule: & Ciceron en a fait des railleries fort plaisantes en divers endroits de ses ouvrages, & sur tout dans ses Tusculanes: où il raporte le plaisant conte que Pompée luy fit un jour du Philosophe Possidonius. Pompée fut le visiter dans son école, passant à Rhodes au retour de la guerre contre Mitridate. Ce Philosophe estoit alors fort travaillé de la goute. Mais l'occasion de donner à un Romain, & à un Conquerant l'idée de la vertu Stoïciene, l'excita à luy faire de son lit un discours, sur la beauté de sa Morale. La douleur le pressa si fort pendant qu'il s'animoit à parler, qu'il ne pût si bien se contre-faire, que Pompée ne s'en apperçût: & l'orgüeil de ce Philosophe luy parut d'autant plus méprisable, qu'il affectoit davantage de faire le fier, en bravant son mal par ces paroles. *C'est en vain douleur que tu veux me forcer à me plaindre, je n'avoüeray jamais que tu sois un mal.* L'opinion d'Egesias & de Theodore qui estoient de cette secte, & qui enseignoient que le sage n'estoit fait que pour luy-mesme, & qu'il ne

Nil agis dolor nunquam te malum confitebor. 2. Tuscul. Plin. l. 7. c. 30.

devoit rien, ny à sa patrie, ny aux siens, parut si extravagante, qu'elle décria fort ce party. Ce n'est pas que plusieurs grands personnages qui en furent, comme Cleante, Chrysippe, Panetius, Caton, Brutus, Seneque, Epictete, Arrien, & d'autres semblables, n'ayent fait honneur à cette doctrine. Mais Plutarque luy attira le mépris de tous les honestes gens, en découvrant la fausseté de cette Morale dans le discours qu'il fit contre les Stoïciens.

Epicure s'éleva en mesme temps; il enseigna ainsi que Zenon qu'il falloit aymer la vertu: mais seulement pour le plaisir, & dans ce plaisir il comprenoit celuy des sens, aussi-bien que celuy de l'esprit, pretendant que le sage ne pouvoit estre heureux, s'il ne joüissoit de tous les plaisirs dont l'homme est capable: Mais il ne s'expliquoit pas ouvertement, sur ce qui regarde le plaisir des sens, afin de ne pas donner mauvaise opinion de sa doctrine: & par ce ménagement il donna lieu aux diverses opinions qu'on a eû dans la suite, sur ses veritables sentimens,

Epicure.
Negat quemquam jucunde posse vivere: nisi idem juste vivat. *Cic. 5. Tusc.*

Animi voluptates & dolores nasci fatetur è corporis voluptatibus & doloribus. *Cic. 1. de fin.*

que quelques-uns ont crû innocens. Il est vray que c'estoit un débauché, fort sage, & fort discret, qui ne s'abandonnoit au plaisir que par art & par methode : mais dans le fond, quoy qu'on en dise, il avoit peu de religion, il s'en faisoit mesme une maxime, pour ne pas troubler la paix de l'esprit, par la crainte des dieux : il ne laissoit pas de croire en apparence qu'il y en avoit, pour ne pas choquer le sentiment universel du peuple d'Athenes, qui estoit attaché à sa religion, mais il n'en croyoit point en effet. Il avoit pris de Democrite les principes de sa Physique, & d'Aristippe ceux de sa Morale. Ainsi Lucrece se méprend un peu quand il loüe Epicure d'avoir le premier ouvert les barrieres de la nature, qui avoient esté ouvertes long-temps avant luy. Car excepté la declinaison des atomes avec un mouvement de pesanteur, qu'il ajoûta à la Philosophie de Democrite : il ne découvrit rien de nouveau dans la Physique : quoy qu'il s'y fust attaché, comme à un secours qu'il jugeoit necessaire à l'homme sage

Epicurus Deos verbo posuit, re sustulit. Cic.

Confringere ut arcta naturæ primus portarum claustra cupiret. Lucr. lib. 1.

contre l'ignorance : car l'ignorance est toûjours capable de causer du trouble à l'esprit. Mais il méprisoit la Dialectique & les autres sciences, comme inutiles à la douceur de la vie : quoy qu'apres tout sa Logique soit fort fine. Le peuple suivoit la doctrine des Stoïciens, qui ne rebutoient personne : & les gens de qualité suivoient la doctrine d'Epicure, parce qu'ils se distinguoient du commun par cette doctrine. Ainsi le nombre estoit pour Zenon, & le merite pour Epicure.

De Epicuro, qui cæteras disciplinas fugit, nihil moror. Fab. l. 11. c. 18.

L'émulation qui se forma entre ces deux sectes fut grande. Les Stoïciens décrierent la doctrine d'Epicure, côme trop sensuelle, & il ne s'est rien dit depuis d'injurieux contre cette secte, où les Stoïciens n'ayent eû part. Mais en recōpense les Epicuriens eurent un fort grand mépris pour les Stoïciens, qu'ils traitoient de miserables. Cette animosité si grande de part & d'autre, laissa encore un cours assés libre à la doctrine de Platon, quoy qu'elle ne fust pas tout-à-fait si fort à la mode que la secte des deux autres.

Inter Stoïcos & Epicuri sectam secutos, pugna perpetua est. Fab. l. 5. c. 7.

Ciceron qui connoissoit fort bien

les successeurs de Platon, ne dit rien de ce Bion, que Diogene donne pour successeur à Arcesilas, & qui se rendit celebre par la vehemence de ses Satires, au sentiment d'Horace. Quoy qu'il en soit, Lacydés, Evander, Hegesinus se succederent les uns aux autres dans le temps de la vogue des Stoïciens & des Epicuriens. Ce Lacidés fut le chef de la nouvelle Academie avec Carneadés, qui vint quelque temps apres luy, & qui prist une partie de ses sentimens : il est vray qu'il relâcha quelque chose de la rigueur, où Arcesilas avoit porté la doctrine de Platon, car Arcesilas n'estimoit rien de certain, ny mesme de veritable dans la nature. Carneadés enseigna depuis que les choses sensibles & materielles estoient comme des ombres de la verité : en quoy il reconnoissoit du moins qu'il y avoit quelque chose de vray-semblable.

Ce Philosophe ayant esté envoyé à Rome en Ambassade pour l'affaire d'Oropus, sous le Consulat de P. Scipion & de Marcellus avec Critolaüs & Diogenés, estonna si fort

Hor. Epist. 11. l. 2.

tout le Senat de Rome, par la force de son Eloquence, que Caton le Censeur fut d'avis, apres l'avoir entendu, qu'on le renvoyast au plûtost: parce qu'il éblouïssoit tellement les esprits par son discours, qu'on ne pouvoit plus distinguer le vray d'avec le faux, apres qu'il avoit parlé: & les Senateurs se plaignirent au raport d'Elien, que *ce Philosophe venoit leur faire violence jusques dans le Senat, par la force de ses raisons.* Ciceron donne une grande loüange à ce grand homme, quand il dit *qu'il persuadoit, tout ce qu'il vouloit.* On peut dire aussi que jamais personne n'a eû plus de talent pour persuader, que Carneadés; & la profession qu'il fit à Rome de suivre la doctrine de Platon, augmenta de beaucoup l'estime qu'on en avoit. Clitomachus, Philon, Antiochus qui avoient esté Maistres de Ciceron, furent les successeurs de Carneadés, & ils rendirent encore cette doctrine considerable au mesme lieu, par la reputation qu'ils y aquirent. Car comme Scipion & Lelius avoient commencé d'inspirer aux Romains l'inclination

Cato Censorius audito Carneade, quam primum legatos dimittendos censuit, quod eo argumentante, quid veri esset haud facile discerni posset. *Plin. l. 7. c. 30. Æl. l. 3. Hist. var. c. 17.*

Cic. l. 1. de Orat.

des lettres, & la passion de devenir sçavans: tous les gens de qualité alloient estudier la Philosophie à Athenes sous ces grands hommes, qui l'enseignoient alors. Ce fut aussi ce qui attacha Ciceron à la doctrine de Platon, qu'il loüe si fort dans ses ouvrages: & quoy qu'il fasse profession de ne s'attacher à aucune secte, il convient toutefois de cette incomprehensibilité que Platon & ses successeurs avoient establie, & il avoüe qu'on ne pouvoit rien connoistre d'une parfaite certitude. Mais il ne laisse pas d'estre persuadé, que quoy qu'on ne puisse estre assuré de rien, on ne peut pas se passer d'admettre un principe de probabilité, qui est le principal fondement des deliberations, qui se font dans les affaires ordinaires de la vie. Mais rien n'affectionna tant Ciceron à la doctrine de Platon que l'avantage qu'il y trouva pour devenir Eloquent, qui estoit sa plus forte passion. En effet, Ciceron prist ce grand air d'Eloquence, qui fit sa reputation, de la lecture de Platon, & par le commerce des Platoniciens, qui furent ses

Nihil percipi posse dicamus. Cic. off. 2.

2. De finib. 2. quast. Tusc.

Deus noster Plato. Ep. ad Q. fratrem.

Plato mihi unus instar omnium. De Clar. Orat.

Platonem autorem ego vehementer sequor. lib. 1. Ep. Fam.

Maistres. Suidas raporte qu'Harpocration qui estoit d'Argos, & grand Platonicien, apprit cette Philosophie à Jules Cesar, dans les conferences qu'il eut avec luy, & par les deux Volumes qu'il écrivit sur les sentimens de Platon. Quoy que Plutarque assure que ce Prince dans les pensées vastes que luy inspiroit son ambition s'accommoda mieux dans la suite de la Morale d'Epicure, pour ne pas s'embarasser beaucoup de la religion, dont il n'estoit pas fort touché. Brutus au sentiment du mesme Plutarque, fut aussi d'abord épris de la doctrine de Platon : mais il abandonna les sentimens de la nouvelle Academie, pour suivre ceux de l'ancienne, par le conseil de cet Antiochus, qui fut Maistre de Ciceron : & ce fut ce Philosophe qui fit quelque temps aprés Brutus Stoïcien, l'estant devenu luy-mesme, apres avoir esté Academicien, comme le remarque Ciceron. Ce fut l'estat de la secte & de la doctrine de Platon, jusques aux premiers Empereurs de Rome. De sorte que cette doctrine se répandit dans la Grece &

Plut. in Cæsar.

dans l'Italie, non seulement par le merite de ceux qui en firent profession, comme je viens de dire: mais encore par les copies des ouvrages de Platon, qui se multiplierent extremement pendant cette suite d'années, & qui se trouverent presque dans les mains de tous les sçavans. Je n'ay rien dit de la secte des Pyrrhoniens ou des Sceptiques, quoy qu'elle se soit formée de la doctrine toute pure de Platon, dans le temps que se fit la reforme d'Arcesilas & de Carneadés: parce que Plutarque a fait un grand traité, pour montrer la difference de cette secte, d'avec celle de Platon.

CHAP. II.

Les avantures de la secte & de la doctrine d'Aristote, jusques à la venuë de nostre Seigneur.

LA doctrine d'Aristote demeura tout-à-fait dans l'obscurité, pendant que celle de Platon devint si florissante dans la Grece & dans l'Italie, qui estoient alors les seuls païs, où les lettres estoient en quelque repution. Theophraste le disciple fidele d'Aristote fut son successeur dans le Lycée: jamais disciple ne fut plus digne de l'amitié d'un tel Maistre, dont il prist entierement l'esprit. On pretend qu'Aristote ne peut se resoudre à publier ses écrits, par un pur respect qu'il eût pour Platon : parce qu'il combattoit ses sentimens en bien des choses. Mais il y eût en cette conduite plus de Politique que de vertu; il voulut se ménager, parce que les esprits estoient alors trop prevenus en faveur de la doctrine de Platon. Ainsi pour mettre à couvert ses écrits, il les confia à Theophraste, avec défense fort expresse de les rendre publics : ce qui fut exactement observé. De façon que Theophraste qui en fut le dépositaire, Straton, Lycon, Demetrius le Phalerien, & Heraclidés, qui se succederent les uns aux autres dans le Lycée, n'enseignerent la doctrine d'Aristote que par pure tradition. Cette tradition n'estant soûtenuë d'aucun écrit, devint froide dans la suite, & n'eût rien de cette chaleur qui parut dans les autres sectes. Epicure fit bien des médisances d'Aristote pour décrier sa doctrine, dont Athenée ne convient pas : parce que *Athen. l. 8.* Cephisodore & Eubulis, qui le maltraiterent par des volumes entiers, n'en ont fait aucune mention. Mais les écrits d'Aristote eurent une avanture si estrange, apres la mort de Theophraste, au raport de Strabon, qu'il est bon d'en expliquer le détail & d'en observer toutes les circonstances : pour marquer la cause du silence de ces siecles-là, sur la doctrine d'Aristote, pendant le bruit que faisoit celle de Platon.

Strabon l. 13.

Theophraste, pour obeïr exactement aux ordres de son Maistre, confia en mourant au plus cher de ses amys & de ses disciples, les écrits d'Aristote, aux mesmes conditions qu'ils luy avoient esté confiés. Cet amy s'apelloit Nelée, qui estoit de Scepsis ville de la Troade, & qui mourut peu de temps aprés : ce ne fut pas sans faire comprendre à ses heritiers le prix du dépost qu'il leur laissoit. Ils le comprirent aussi si bien : qu'ayant appris que le Roy de Pergame, de qui la ville de Scepsis dépendoit, faisoit de grandes recherches de livres & d'écrits, pour faire une bibliotheque : ils enterrerent dans un caveau basti exprés les écrits d'Aristote, afin de s'en assurer davantage. Ce tresor si precieux fut caché l'espace d'environ cent soixante années dans ce lieu secret, d'où enfin il fut tiré à demy rongé des vers, & presques tout gasté par l'humidité du lieu où l'on l'avoit mis. Mais on ne le tira que pour estre vendu fort cherement à un riche Bourgeois d'Athenes nommé Apellicon, qui vouloit se rendre considerable par la fantaisie qu'il avoit d'amasser des livres: quoy qu'il n'eust pas de genie pour les sciences, comme le remarque Strabon. Les Professeurs qui enseignoient alors dans le Lycée, l'ayant appris, furent faire leur cour à ce Bourgeois, qui leur presta pour quelque temps ces écrits. Mais il les retira pour les remettre en sa bibliotheque, qu'il rendit celebre par un dépost de cette importance. Quelques années apres Sylla s'estant rendu maistre de toute la Grece ; & ayant pris Athenes, il sceut qu'il n'y avoit rien dans cette Ville de plus precieux que ces écrits d'Aristote, & qu'Apellicon gardoit en sa bibliotheque : d'où il les fit enlever pour les porter à Rome. Mais l'ambition qu'eut Sylla de se

φιλόβιβλος δ
φιλόσοφος.
Ibid.

rendre maistre de la Republique, ne luy donna pas le loisir de penser à faire connoistre aux Romains le tresor qu'il avoit apporté de Grece : il mourut bien-tost aprés, & ces écrits tomberent entre les mains d'un Grammairien nommé Tyrannion, qui en avoit eû connoissance par la liaison qu'il eût avec le Bibliothecaire de Sylla. Quoy que ce Grammairien fust fort habile, & qu'il eut dressé une bibliotheque de plus de trente mille volumes, depuis que Lucullus l'eût pris dans la guerre contre Mitridate, & qu'il l'eut amené à Rome : toutefois il ne connut pas le prix des ouvrages d'Aristote.

Mais aprés sa mort, Andronicus le Rhodien estant venu à Rome, & connoissant fort bien le merite d'Aristote, parce qu'il avoit esté élevé dans le Lycée, il traita avec les heritiers de Tyrannion, de ces écrits : & les ayant en son pouvoir, il s'attacha avec tant d'ardeur à les examiner & à les reconnoistre, qu'il en fut en quelque façon le premier restaurateur, comme l'assure Porphyre dans

dans la vie de Plotin. Car non seulement il y restablit ce qui s'y estoit gasté par la longueur du temps, & par la negligence de ceux qui avoient eû ces écrits entre les mains : mais il les tira mesme de l'étrange confusion où il les avoit trouvés, & en fit faire des copies. Ce fut cet Andronicus qui commença à faire connoistre Aristote dans Rome, environ le temps que Ciceron s'élevoit par sa grande reputation aux premieres charges de la Republique, lequel étoit revenu depuis quelque-temps d'un voyage de Grece, où il avoit eû commerce avec tous les habiles gens de ce païs-là. Ainsi il avoit appris ce que c'estoit qu'Aristote, il connoissoit une partie de son merite, qui n'estoit pas encore fort connu à Rome, comme il paroist par la surprise de Trebatius, qui estant venu rendre visite à Ciceron dans sa maison de Tusculum ; & estant entré avec luy en sa bibliotheque, il tomba par hazard sur le livre des Topiques d'Aristote, dont Ciceron avoit une copie. Trebatius luy demanda ce que c'estoit que ce livre, & de quelle ma-

Quod quidem minime sum admira-

tiere il traitoit : car quoy qu'il ne fust pas ignorant, il n'avoit pas toutefois encore entendu parler d'Aristote. Ciceron luy répondit qu'il ne devoit pas s'en estonner : *car ce Philosophe n'estoit connu que de fort peu de gens.*

Pour Platon il estoit alors connu de tout le monde. Car avant la prise d'Athenes par Sylla, on n'enseignoit publiquement à Rome que la Philosophie de Platon avec celle des Stoïciens. Ce qu'on nous dit de Cratippus, qui du temps de Ciceron enseignoit la Philosophie d'Aristote à Mitylene, n'est pas considerable, & il ne pouvoit l'enseigner que par tradition. Ainsi ce n'est pas merveille, si Ciceron & les auteurs de son temps donnent l'avantage à Platon sur Aristote : la reputation du premier estoit tout-à-fait establie, & celle du second ne faisoit que de naistre. Il est vray qu'Athenée prétend qu'il y avoit une copie des ouvrages d'Aristote dans cette fameuse bibliotheque des Rois d'Egypte, qui fut commencée par Philadelphe le second des Ptolomées, apres la mort d'Alexandre. J'avoüe qu'Aristote avoit pû

rus eum Philosophum Trebatio non esse cognitum, qui ab ipsis Philosophis, præter admodum paucos, ignorerur. Topic. ibit.

laisser échaper de ses mains quelque chose de ses écrits, comme Alexandre le luy reprocha : mais il n'y a nulle apparence que tous ses ouvrages fussent dans cette bibliotheque : outre qu'il n'y a aucune marque, que personne en ait eû connoissance par cette voye. De sorte qu'il est toûjours vray de dire qu'Aristote fut peu connu jusques au temps d'Auguste, & que Platon le fut beaucoup. Quoy qu'à dire le vray les Romains se piquassent alors bien moins d'estre grands Philosophes, que d'estre excellans Orateurs : parce qu'on ne s'élevoit aux charges, & l'on ne devenoit considerable que par l'éloquence. La Philosophie n'estoit d'usage que pour la Morale, dont on se faisoit une religion pour se former des devoirs, à l'égard des dieux & des hommes.

Ut homo per Philosophiam cultum deorum & religionem suciperet. Cic. 1. de leg.

LA reputation de Platon s'estant encore establie davantage à Rome par l'approbation que luy donna Ciceron dans tous ses ouvrages, & particulierement dans ses livres Academiques, elle continua sous l'Empire d'Auguste, & sous celuy de Tibere,

CHAP. III. *Les avantures de la secte & de la doctrine de Platon dans les huit premiers siecles depuis la venuë de nostre Seigneur.*

qui fut un temps favorable aux lettres & aux sçavans : quoy que Tibere fit mourir assés injustement Thrasyllus Philosophe Platonicien, & un sçavant fort universel. Philon le Juif, que saint Jerôme apelle dans ses Epistres un second Platon, donna encore du credit à cette doctrine sous l'Empire de Caligula, & de Claudius : les affaires de son païs l'ayant attiré à Rome, où il vescut sous ces deux Empereurs. Seneque qui fut l'ornement de la Cour de Neron, y donna vogue à la Philosophie des Stoïciens, dont il faisoit profession : quoy que Dion de Bithynie, Moderatus qui estoit de Cadis, & quelques autres Platoniciens y enseignassent en particulier la doctrine de Platon, à qui les honestes gens s'attachoient pour les choses naturelles : car la pluspart suivoient Epicure pour la Morale, dont on s'accommodoit mieux.

En ce mesme temps saint Paul estant venu à Athenes pour y prescher la doctrine de JESUS-CHRIST, n'eut rien du tout à demesler avec les Platoniciens : car l'Historien

Thrasyllus multarum artium scientiam professus postremo se dedit Platonicæ sectæ. Schol. Juv. in sat. 6.

Quid loquar de Philone, quem alterum Platonem critici pronunciant? Hier. Epist. ad Mag. Orat. Rom.

des Actes des Apostres n'en parle pas: quoy qu'il parle de la resistance que luy firent les Stoïciens & les Épicuriens. Il est à croire que depuis la prise d'Athenes par Sylla, l'école de Platon n'y fut plus si celebre, du moins Laërce finit l'Histoire des successeurs de Platon environ ce temps-là auquel les sçavans de Grece prirent le party de quitter leur païs, pour suivre la fortune de leurs vainqueurs, & vinrent s'establir à Rome, qui estoit la Capitale de l'Empire. Mais les affaires se broüillerent si fort sous les Empereurs suivans, que la Philosophie ceda à l'esprit d'intrigue & de faction, qui commença à se former dans la corruption du regne des premiers Empereurs. Il y a mesme quelque apparence que l'estude de la Philosophie fut alors defenduë à Rome aux personnes de qualité, sur tout aux Senateurs: comme il paroist dans la vie d'Agricola, qui fut estudier à Marseille, où les lettres florissoient.

Mussonius grand Sectateur de Platon, aussi-bien qu'Apollonius de Thyanée, s'estant servis de leur Philosophie pour broüiller les affai-

Julium Agricolam per omnem honestarum artium cultum pueritiam adolescentiamque Massiliæ transegisse, sede & Magistra studiorum.

H iij

res sous Domitien, obligerent cet Empereur de chasser les Philosophes de Rome, par un Edict qui leur fut fort injurieux, & qui diminua encore beaucoup le credit de la Philosophie: quoy qu'on prétende qu'un Astrologue nommé Metius Pomposianus, donna sujet à cet Edict par l'horoscope qu'il fit de l'Empereur.

Cette persecution dura jusques à Trajan, lequel devint un peu plus favorable aux sçavans, quoy qu'il ne fust pas fort versé dans les lettres. L'Empereur Adrien qui fut son successeur, & qui ayma la Philosophie, par l'amour que luy en donna Plutarque son Precepteur, en restablit l'exercice dans la ville d'Alexandrie, où il avoit comme cessé, depuis l'embrasement de cette école royale, & de cette fameuse bibliotheque que les Roys d'Egypte avoient fait bastir dans leur Palais. Car Jules Cesar pour se rendre maistre d'Alexandrie apres la mort de Pompée, voulut faire brûler quelques maisons qui luy estoient suspectes autour du Palais: & le feu se prit à la bibliotheque, où il y eût sept cent

Studia Philosophiæ ultra quam confessum Romæ & Senatori hausisse ni prudentia matris coercuisset. Tacit. in ejus vita. Suet. in Domit. Dion. Chrysost. Orat. 40. Philost. in Apoll.

mille volumes brûlés, qui avoient esté ramassés par les soins de Philetas precepteur de Philadelphe, & par ceux d'Eratostenés, & d'Apollonius le Rhodien, qui en furent les bibliothequaires. La passion qu'eut Adrien de devenir docte fut si grande, qu'il eut de la jalousie contre Phavorin son Secretaire, au raport de Suidas, parce qu'il estoit plus sçavant que luy. Ce fut toutefois l'amour qu'eût ce Prince pour les lettres, qui luy fit rapeller à Rome Epictet, grand Stoïcien, Numenius Platonicien, & les autres Philosophes qui avoient esté chassés par Domitien : & ce fut aussi par l'ordre d'Adrien que Nicetas de Smyrne, Polemon, Denys le Sophiste, dont parle Philostrate, Pancratés, & quelques autres sçavans, furent envoyés à Alexandrie, pour y enseigner toutes les sciences : & cet Empereur estant depuis venu à Alexandrie, proposa plusieurs *Ex Spartian.* questions aux Philosophes qu'il y avoit envoyés, & en donna luy-mesme la resolution.

Antonin & Marc Aurele, qui furent ses successeurs à l'Empire, le furent aussi à l'inclination qu'il avoit pour les lettres, sur tout pour la Philosophie, dont il devinrent passionnés. Herodian dit dans son Histoire que la passion qu'eut Marc Aurele pour la Philosophie, la mit fort en vogue, & forma un grand nombre de Philosophes pendant son regne. Il restablit dans les écoles d'Athenes l'ancienne discipline qui y estoit fort décheuë, & il donna de grands appointemens aux Professeurs, ainsi que l'assure Capitolin : ce que Lucien explique fort au long dans son Eunuque. Il est vray que ce Prince estoit si touché de la qualité de Philosophe, qu'Athenagoras, dont Methodius fait mention parmy les Auteurs Ecclesiastiques, luy ayant esté envoyé de la part des Eglises Greques, le complimenta luy & son fils Commodus du nom de Philosophes, croyant ne pouvoir flater plus agreablement leur vanité, que par ce titre.

Maxime de Tyr grand Platonicien, qui avoit esté un des Precepteurs de Marc Aurele, ne contribua pas peu à luy faire aymer la Philosophie, & à mettre en vogue dans sa

Cour la doctrine de Platon. Numenius, dont parle Eusebe, qui eut une grande reputation sous les deux Antonins, & ce Cronius qui écrivit en ce mesme temps une partie de l'Histoire de l'Academie, releverent l'un & l'autre si fort le credit de Platon à Rome, que sa doctrine devint à la mode parmy les Dames de la Cour, à un poinct, qu'un Stoïcien nommé Apollonius, dont parle Photius, fit l'Histoire des Dames Platoniciennes. Apulée qui estoit de Madaure, & Galien ce Medecin si celebre, tous deux aussi de cette Cour, attirerent bien du credit à Platon, par ce qu'ils écrivirent sur sa doctrine : Diogene Laërce augmenta encore davantage la reputation de ce Philosophe par cet ouvrage admirable qu'il fit sur l'Histoire des anciens Philosophes, qu'il dedia à une Dame de la Cour de Severe nommée Arrhie passionnée de Platon, comme il le dit luy-mesme, & qui fut celle que Galien guerit d'une foiblesse d'estomac par son Theriaque. Julie femme de l'Empereur Severe, animée par l'exemple de son mary,

Euf. in præp. Evang. l. 11.

Phot. in Bibliot.

Ἀῤῥίαν φιλοπλάτωνα.
Laer. in Plat.

qui fut bien plus favorable aux lettres, que l'Empereur Commodus son predecesseur, ayma fort les sçavans & les sciences, au raport de Dion : & ce fut elle qui ordonna à Philostrate d'écrire la vie du Philosophe Apollonius de Thyanée, par l'inclination qu'elle avoit pour la Philosophie. Enfin la reputation de Sextus Empiricus, qui fut le Chef de la cinquiéme Academie, rendit aussi Platon fort considerable sous les Antonins : & jusques au regne de Severe, on n'enseigna presque point d'autre Philosophie à Rome que celle de Platon.

Ce fut l'estat où se trouva la doctrine de Platon dans tout ce premier siecle, qui fut celuy de la naissance de l'Eglise, & de l'establissement de nostre Religion. Ainsi le plus grand obstacle qu'eurent les Apostres & leurs premiers successeurs en preschant l'Evangile, fut la Philosophie : dont ils trouverent le monde si plein, que dés que saint Paul parut à Athenes pour y prescher Jesus-Christ, les Epicuriens & les Stoïciens s'éleverent

Quidam Epicurei, & Stoïci differebant

contre luy, comme nous lisons dans les Actes : & saint Augustin dans le discours qu'il a fait sur le Sermon de cet Apostre, dit qu'il n'y eut pas grand succés : parce qu'il regnoit à Athenes un esprit de curiosité, qui n'alloit qu'à satisfaire l'avidité que ce peuple avoit d'apprendre. Cette fantaisie de raisonner sur tout par les principes de la Philosophie, s'augmenta si fort sous les Empereurs, dont je viens de parler, que Lucien en fait des railleries perpetuelles : il n'est jamais de plus belle humeur, & il ne dit point ailleurs de si bons mots, que sur les Philosophes, & sur l'entestement de la Philosophie qui regnoit alors, & qu'il prend plaisir de rendre par tout ridicule.

<small>cum eo, & dicebant, quid vult seminiverbius hic dicere. 17. Act.

Athenienses ad nihil aliud vacabant, nisi aut dicere aut audire aliquid novi. ibid.</small>

Si bien que les sçavans qui se trouverent parmy les Chrestiens pour n'avoir pas eternellement sur les bras les sçavans du Paganisme, lesquels ne pouvoient se resoudre à écouter des gens qui ne faisoient profession d'aucune Philosophie, prirent enfin le party de se faire Platoniciens : parce que la doctrine de Platon estoit alors la plus en vogue.

H vj

Les Stoïciens commençoient à perdre leur credit: Plutarque & Lucien ayant fait voir la fausseté de leur vertu en divers de leurs ouvrages. Il arriva mesme à cet excés de severité, dont leur secte faisoit profession, ce qui arrive à tous les autres excés, de tomber enfin dans le relâchement: & leur sage en idée estoit devenu fort chimerique. La Philosophie d'Epicure qui enseignoit l'art de goûter le plaisir par methode, commençoit aussi depuis quelque temps à paroistre insoûtenable, par l'emportement naturel des passions, qui deviennent plus farouches dés qu'on les flate, comme faisoit cette secte. Et quoy qu'Epicure ne parut rechercher que le plaisir de l'esprit, cette Philosophie ne laissa pas de passer pour sensuelle dans la suite, & fut fort decriée dans l'opinion de tous les veritables vertueux. Pour Aristote il n'étoit que tres-peu connû: ainsi l'on se declara pour Platon.

On crût que pour n'avoir pas tout-à-fait contraire, cette foule de Philosophes, dont le monde estoit plein, ce seroit du moins en affoiblir les forces, que de faire liaison avec ceux qu'on trouveroit les moins opposés, aux principes de nostre religion : & on jugea la secte de Platon plus propre que les autres, pour entrer en quelque sorte de societé avec les Chrestiens. Les raisons principales qu'on en eût, furent que l'école de Platon ne trouvant dans la nature rien de certain que l'incertitude, il seroit aisé de remplir de nos lumieres des esprits déja preparés à se défaire de leurs sentimens, par la profession d'une Philosophie si peu attachée à ses opinions ; que cette sagesse qui reconnoissoit n'avoir pas assez de force pour trouver la verité sur la terre, disposeroit aisément l'esprit à s'assujettir aux verités qui venoient du Ciel ; qu'il seroit facile de reconnoistre la necessité de la Foy à une secte, qui tenoit que toutes les connoissances naturelles n'estoient que des opinions toutes pures ; qu'une Philosophie qui eslevoit l'homme au dessus de luy-mesme, par la methode de ses idées, & qui le détachoit de son propre sens, en le faisant douter de tout, paroissoit une grande disposition au Christianisme, qui nous éleve au dessus des choses humaines, pour ne nous attacher qu'aux divines ; que Platon apprenant à l'homme dans le dialogue du Cratyle & dans celuy qu'il a fait de la mort, que son corps n'est que la prison & le sepulcre de son ame, il pourroit luy en inspirer du mespris, & le disposer à cette mortification vertueuse, qui est si necessaire au Chrestien ; & qu'enfin un esprit qui ne remarqueroit dans toutes ses facultés, que des défauts & de veritables miseres, comme Platon l'enseigne dans son Phedon, & en d'autres lieux de ses ouvrages, goûteroit sans peine les maximes de l'humilité Chrestienne, qui commence à travailler à la perfection de l'homme, par la connoissance de son neant.

C'est ce qui détermina les premiers Chrestiens à s'accommoder de la Philosophie de Platon, dans la necessité où ils se trouverent d'en embrasser quelqu'une. Cette necessité parut encore davantage en la conversion de Justin le Philosophe qui fut depuis martyr : il avoüa que rien n'avoit plus difposé son esprit à se soûmettre aux veritez de nostre foy, que la Philosophie de Platon dont il avoit esté grand sectateur. Il assure mesme dans son dialogue à Thryphon, qu'aprés avoir cherché la verité dans toutes les écoles des Philosophes, il n'avoit trouvé que dans celle de Platon dequoy s'élever au dessus de la terre, où toutes les autres luy sembloient ramper. Il arriva le mesme à Tatien son disciple, qui fut grand Platonicien. Car il enseigna à Rome cette Philosophie, qui luy prepara l'esprit au Christianisme. Quadratus Evesque d'Athenes, qui fit une Apologie de nostre Religion à l'Empereur Adrien, dont parle saint Jerôme, & qui fut le modele de celle que saint Justin fit aprés luy: Quadratus, dis-je, Apollinarius Evesque d'Hierapolis, & Meliton Evesque de Sardes, s'estoient aussi fort attachés à la doctrine de Platon.

Je ne parle point des autres Peres, qui défendirent contre les Payens la sainteté & l'innocence de nostre Religion par la pureté de leur zele, & par la solidité de leurs raisons : Comme d'Aristide, lequel soûtint par sa Philosophie l'Evangile de JESUS-CHRIST sous Adrien; & de ce sçavant Apollonius, qui se servit de tout l'éclat de sa pourpre de Senateur, pour autoriser l'opprobre de la Croix, sous l'Empereur Commodus, qui le fit décapiter. Je ne dis rien d'Athenagoras, de Panthenus, dont parle Eusebe, de Methodius & de ce Bardesanés qui écrivit contre Marcion. Mais je ne puis passer sous silence le plus ardent Platonicien & le plus sçavant de tous les Peres, le grand Origene, qui défendit avec tant de succés la doctrine de JESUS-CHRIST, contre Celse le plus grand ennemy qu'elle eût alors : & il n'entreprit de la défendre qu'aprés s'estre remply l'esprit de la doctrine de Platon, pour qui il eût un si grand attachement, comme tout le monde sçait. Saint Augustin mesme avoüe en divers endroits de ses ouvrages, que de tous les auteurs profanes qu'il avoit lûs, il n'en avoit point trouvé avec qui on peut entrer en quelque sorte de negociation sur la Religion, plus aisement qu'avec les Platoniciens : &

Lib. de vera Relig. c. 9. Epist. ad Diosc. lib. Confess. 7. & 8. c. 2. & 9.

il assure que les plus illustres docteurs de son temps estoient sortis de l'école de Platon pour estre Chrestiens. La défiance que ces Peres des deux premiers siecles prirent de la Philosophie d'Aristote, qui n'écoutoit que le sens tout pur & la raison, & à qui ils s'attachoient trop; ne contribua pas peu à rendre la doctrine de Platon plus recommandable aux premiers Chrestiens.

Mais aprés tout, cette admirable Philosophie, dont l'éclat éblouït d'abord les esprits, n'imposa que pour un temps : il se trouva enfin du poison caché sous ces fleurs. Tertullien fut un des premiers qui s'en apperceut : le party qu'il avoit pris de suivre la secte des Stoïciens, servit peut-estre à piquer son animosité contre Platon, qu'il apella le premier auteur des heresies, qui s'éleverent de son temps. Le mal-heur qui arriva à Origene de tomber d'une maniere si épouvantable dans l'erreur, fit aussi ouvrir les yeux à la pluspart des Chrêtiens, qui reconnurent Platon pour l'auteur de son desordre. Saint Hippolyte martyr, dont les escrits sont loüés si hautement par saint Jerôme & par Eusebe, déclame fort contre cette Philosophie, comme la plus dangereuse de toutes. Lactance & Arnobe tous deux les Orateurs les plus celebres de leur temps, s'emportent avec bien de la vehemence contre Platon dans ces livres admirables qu'ils écrivirent sur la fin du troisiéme siecle. Mais de tous les Peres de ces temps-là, il semble qu'aucun n'ait blâmé davantage la doctrine de ce Philosophe, que saint Chrysostome dans la preface de ses Homelies sur saint Matthieu, où il fait passer Platon pour un visionnaire, & où il traite l'idée de sa republique d'extravagante.

Eus. in Antich.

On commença alors à reconnoistre que cette Philosophie n'estoit pas tout-à-fait si favorable au Christianisme qu'on l'avoit crû : parce qu'elle ne recherchoit la verité que pour ne la pas trouver ; qu'elle accoûtumoit l'esprit à hesiter sur les choses les plus certaines ; & qu'elle ne mettoit sa science que dans l'irresolution & dans le doute dont elle faisoit profession : Elle parut mesme dans la suite qu'elle fut plus connuë; d'autant plus opposée à nostre Religion, qu'elle sembloit y estre plus conforme: parce que Platon ayant meslé ses imaginations à ce qu'il avoit apris en Egypte de la tradition des Juifs: il inspiroit insensiblement à l'esprit la liberté de mesler ses visions aux choses establies. Ce fut aussi dans son école que se formerent les Gnostiques & les Valentiniens, comme le remarque Tertullien, qui assure dans le livre de l'Ame, *que la doctrine de Platon estoit devenuë l'assaisonnement de toutes les heresies.* Saint Epiphane dit la mesme chose en ses ouvrages, où il pretend que la pluspart des heretiques de son temps, sur tout les Marcionites & les Manichéens venoient de l'école de Platon. Saint Cyrille l'apelle la source de l'ignorance & de l'impieté, dont se forma l'Arrianisme, qui excita depuis de si grands troubles dans l'Eglise. C'est aussi la raison pour laquelle saint Gregoire de Nazianze traite les ouvrages de ce Philosophe de chimeres & d'illusions: & que saint Augustin qui avoit tant estimé Platon estant

Tert. cap. 7. de præf. Doleo bona fide Platonem omnium hæreticorum factum esse condimentum.

Epiph. lib. de hæresib.

jeune, parce qu'il le trouvoit agreable, commença à le blâmer dés qu'il fut plus avancé en âge : il escrivit mesme contre cette secte, cet ouvrage qu'il apella *contre les Academiciens* : où il avouë que la doctrine de Platon l'avoit jetté dans l'irresolution : & il se repent dans le livre *de ses Retractations*, d'avoir eû de l'estime & de la complaisance pour Platon. Saint Ambroise ne contribua pas peu à l'en dégoûter par les livres qu'il écrivit alors contre ce Philosophe, comme le témoigne le Cardinal Baronius.

<small>Bar. ad ann. 384. annal. Eccl.</small>

Il se trouve mesme que Justin le Martyr, Tatien son disciple, Athenagoras, Bardesanés & les autres Apologistes de l'Evangile, qui dans la fin du premier siecle, & pendant tout le second avoient tant vanté Platon, ne furent pas fort corrects en leurs sentimens, & qu'ils tomberent presques tous en cette erreur, qui fut aprés condamnée dans Arius sur le Mystere de la Trinité. Tatien qui avoit défendu si courageusement la Religion sous M. Aurele, devint chef des Encratistes, par la doctrine

<small>Bar. annal. Eccl. ad an. 174.</small>

de Platon. Tertullien, dit que Marcion se fit une fausse idée de Dieu, sur celle qu'il avoit prise dans ce Philosophe. Sabellius ne devint heretique que par l'attachement qu'il eût à la doctrine de Platon: & il gasta par ses imaginations la pureté du Christianisme, comme l'on gaste de l'eau pure en y jettant de la bouë, ainsi que le remarque Theodoret. Saint Basile pretend que la pensée de Platon sur le cahos, qui preceda la creation du monde dans son Timée, où il parle de la terre, comme de la toile qu'on prepare pour faire un tableau, est une erreur qu'il s'estoit formé des premieres paroles de la Genese qu'il avoit leüe.

Tertul. c. 7. contra her.

Theodoret. l. de curand. affectib. Græcor.

Terra autem erat inanis & vacua. Gen. 1.

Ainsi les Peres du troisiéme & du quatriéme siecle, qui reconnurent le danger de la Philosophie de Platon s'en défierent tout-à-fait: quoy qu'elle eust eu bien de l'approbation parmy les Chrestiens du premier & du second siecle. Mais elle devint aussi plus florissante que jamais parmy les Payens, sous les Empereurs Gordien, Philippe, Valerien & Julien, & par les ouvrages de Plotin qui fut le premier & le plus celebre des Commentateurs de Platon. Ce Plotin estoit d'Egypte, il estudia en Alexandrie la Philosophie sous cet Ammonius, qui de crocheteur devint le plus grand Philosophe de son temps, & qui fut Chrestien. Tryphon disciple d'Origene, reproche à Plotin qu'il avoit dérobé à Numenius, qui vécut sous les Antonins, ce qu'il écrivit sur Platon : dont Amelius le justifie dans un ouvrage qu'il fit exprés. Quoy qu'il en soit, Plotin expliqua la doctrine de Platon d'une maniere si excellente, dans un Commentaire qu'il en fit, qu'on peut dire qu'il en réleva l'éclat dans la Cour de Gallien : car l'Empereur & l'Imperatrice Salonine eurent tant d'estime & tant de consideration l'un & l'autre pour Plotin, qu'ils luy permirent d'establir le gouvernement dont Platon avoit donné l'idée dans ses livres de la Republique, en une Ville d'Italie, qu'il luy donnerent pour en faire l'essay. Mais ce dessein ne pût reüssir pour bien des raisons. Plotin ne laissa pas de faire refleurir en ce siecle le credit de Platon. Car ce fut en son école, que se formerent tous ces illustres Platoniciens du quatriéme & du cinquiéme siecle, Amelius, Porphyre, Iamblique, Sopater, Proclus & Damascius, qui se succederent les uns aux autres, & qui trouverent de nouveaux attraits dans la Philosophie, par les caresses qu'ils receurent des Empereurs, & sur tout de Julien l'Apostat : dont le regne fut fort favorable aux Platoniciens, parce qu'il se piquoit luy-mesme de l'être : avant qu'il fût Empereur il fit un voyage exprés à Athenes, pour y prendre le manteau de Philosophe, & pour y estre receu dans les formes ; afin d'en faire une profession plus declarée. Depuis estant Empereur, il avança les Philosophes dans les charges, & il leur donna part aux affaires, en les faisant Gouverneurs & Intendans dans les Provinces.

Recentiones Philosophi nobilissimi, quibus Plato sectandus placuit noluerunt dici Academici sed Platonici, quibus sunt nobilitati Græci Plotinus, Iamblicus, Porphyrius. Aug. l. 8. de Civit. c 12.

Mais ce grand credit de Platon tomba entierement sous les successeurs de Julien, c'est à dire sous Arcadius, Honorius, & les deux Theodoses : parce que ces Empereurs estant devenus Chrestiens, ils s'accommoderent aux sentimens de saint Chrysostome, de saint Ambroise, de saint Jerôme, de saint Augustin, qui avoient reconnu la fausseté de cette doctrine. Il est vray que quelquetemps auparavant, l'Empereur Constantin dans le discours qu'il fit aux Peres Assemblés dans le Concile de Nicée, loüa fort la Morale de ce Philosophe, & sur tout l'endroit où il parle de la recompense des bons & de la punition des méchans aprés la mort. Mais on ne pretend pas tout blâmer dans Platon, quand on trouve qu'il y a du danger. Et ce danger ne parut jamais davantage qu'aprés les reflexions que l'on fit sur les funestes avantures d'Apollonius de Thyanée, de Plotin, de Porphyre, de Julien l'Apostat, d'Iamblique, de Proclus, & de plusieurs autres Platoniciens, qui devinrent ou Magiciens ou Athées. Plotin s'estant laissé seduire à Rome par un Prestre Egyptien, y commença ses malefices dans le Temple d'Isis: Porphyre s'érigea en persecuteur des Chrestiens: Et l'Empereur Julien devint plus grand sectateur de Platon qu'il n'estoit,

aprés

aprés avoir abandonné le Chriſtianiſme: parce que dans le fond cette Philoſophie conduit par ſes doutes, & par ſon incredulité à l'impieté, ou au Pyrrhoniſme : On dit meſme que Maxime d'Epheſe, qui avoit eſté Precepteur de l'Empereur Julien, ne l'attira au Paganiſme que par la Philoſophie ſecrette qu'il avoit appriſe d'Iamblique. Mais ce Maxime devint ſi odieux par les abominations de ſa Philoſophie, qui eſtoit une magie toute pure, que l'Empereur Valentinien le fit mourir : comme le remarque Socrate dans ſon hiſtoire. Il ſe trouva auſſi dans une des Epigrammes de Callimachus, qu'un certain Cleombrotus grand ſectateur de Platon, ſe precipita d'un rocher par l'envie de mourir, que la lecture de ce Philoſophe luy avoit inſpirée. Toutes ces avantures firent voir qu'en effet cette Philoſophie eſtoit dangereuſe.

Sur la fin du cinquiéme ſiecle, il y eût en France un Eveſque de Vienne nommé Mamercus, qui s'enteſta auſſi de Platon : mais cela n'eût pas de ſuite. Enfin la Philoſophie fut fort abandonnée sous les Empereurs Maurice, Phocas, Heraclius, & jusques à la fin du huitiéme siecle. L'incursion des Goths en Italie sous l'Empereur Anastase, les guerres des Sarrazins dans l'Asie, la prise d'Alexandrie par les Musulmans, qui arriva l'an vingtiéme de l'Egire, & l'an six cent quarante-deuxiéme de nôtre Seigneur, la persecution que l'Empereur Leon Isavrique fit l'an sept cent cinquante aux Philosophes, jusques à faire brûler son propre maître, & plusieurs autres Philosophes avec leurs livres, & d'autres pareilles disgraces acheverent de ruïner entierement l'estude & le credit de la Philosophie, & d'aneantir tout-à-fait la reputation de Platon, dans les lieux où elle avoit le plus éclaté. L'usage mesme de la langue Grecque commença un peu à s'abolir dans l'Egypte, aprés les conquestes des Arabes, sous le regne du Calife Valid, qui residoit à Damas : parce que ce Prince défendit aux Grecs de se servir d'autre langue que de l'Arabe, dans les actes publics : ce qui augmenta beaucoup l'ignorance, qui devint alors si grossiere dans la Grece & dans l'Italie.

Le merite d'Aristote commença comme j'ay dit à estre connu à Rome, par les soins que prist Andronicus de restablir ses écrits, & par les frequens éloges que luy donna Ciceron en divers endroits de ses ouvrages: mais il faut avoüer qu'il falut bien du temps & bien de la lumiere pour sonder cet abysme, & pour en connoistre le fond: parce qu'aprés tout, il y avoit dans cet auteur des nuages à percer, des difficultés à éclaircir, & bien des épines à déraciner: ce qui a esté cause qu'on ne l'a bien connu qu'aprés l'avoir long-temps estudié, & aprés en avoir penetré la doctrine par de profondes meditations. Voicy la suite des avantures de sa secte & de sa Philosophie.

Chap. IV. Les avantures de la secte & de la doctrine d'Aristote, dans les huit premiers siecles.

Athenodore de Tarse, dont Plutarque fait mention, fut le premier de la Cour d'Auguste, qui y fit connoistre les categories d'Aristote, par un commentaire qu'il en fit, dont Simplicius parle avec éloge. Plutarque dit aussi que Nicolas de Damas grand Peripateticien, & fort aymé de l'Empereur, luy fit connoistre Aristote par les livres qu'il fit sur sa doctrine. Ce Philosophe dit Suidas, faisoit aussi une espece de gasteaux d'un goust fort exquis qu'Auguste aymoit: ces gasteaux sans doute luy plaisoient plus que les écrits de son Maistre, dont il ne profita pas beaucoup, parce que ce Prince n'estoit alors touché que des vers de Virgile & de ceux d'Horace. Strabon dit que du temps d'Auguste, deux autres Philosophes nommez Zenarque & Athenée tout deux de Seleucie vinrent à Rome, pour y enseigner la Philosophie d'Aristote, que Zenarque avoit déja enseignée à Athenes & à Alexandrie: car tous les habiles gens venoient alors à Rome pour s'y faire connoistre, comme j'ay déja dit. Il n'y eut aucun Philosophe sectateur d'Aristote qui s'y acquist de la reputation sous les regnes de Tibere, de Caligula, de Claudius.

Neron eût un Peripateticien pour Precepteur, nommé Alexandre d'Egée comme dit Suidas. Mais ce Philosophe n'eût pas le credit de rendre la doctrine d'Aristote fort considerable dans une Cour, où Burrus & Seneque qui estoient Stoïciens l'un & l'autre, avoient tant de pouvoir. Il y eût toutefois un certain Adraste qui travailla sur les écrits d'Aristote, pour arranger les livres de sa Philosophie, & pour mettre les chapitres dans leur ordre naturel : mais son ouvrage s'est perdu. Sotion qui fut Precepteur de Seneque, avoit abandonné avec Sosigenes & Hermippus, la doctrine de Platon pour suivre celle d'Aristote. Quoyque l'esprit d'intrigue regnast fort parmy les gens de qualité, sous les Empereurs suivans : il se trouva toutefois dans la Cour de Vitellius un homme d'esprit nommé Helvidius Priscus, qui s'appliqua fort à la Philosophie : *Non pas,* dit Tacite, *pour s'en faire un specieux pretexte d'oisiveté & de paresse comme les autres : mais pour s'affermir l'ame contre les divers évenemens de la fortune,* que la bizarrerie des Empereurs avoient rendus fort frequens. Ce fut le party que prirent avec luy Petus, & son gendre Thraseas, qui avoient l'ame trop grande,

Ingenium illustre altioribus studiis Helvidius dedit : non ut plerique magnifico Philosophiæ nomine segne otium velaret, sed quo firmior adversus fortuita rempub. capesseret. *Tac. 4. hist.*

pour souffrir l'infamie du Gouvernement sans en murmurer.

La persecution que Domitien fit aux Philosophes, jointe au mépris qu'on avoit à Rome pour la Philosophie, decredita fort cette estude dans tout l'Empire. Mais son credit commença à se rétablir sous Adrien, & parmy les sçavans qui eûrent reputation en sa Cour, dont Favorin qui estoit Peripateticien fut un des plus considerables. Taurus de Beryte, qui composa un discours sur la difference de la Philosophie de Platon d'avec celle d'Aristote, se signala dans la Cour de Commodus : & Alexandre d'Aphrodisée fut le premier Professeur de la Philosophie Peripateticiene establi à Rome par les Empereurs Marc Aurele, & Lucius Verus : comme il le témoigne luy-mesme dans ses Commentaires. Ce sçavant homme fut le premier qui ouvrit la carriere à cette foule de commentateurs d'Aristote qui le suivirent, & ensemble le plus habile & le plus éclairé de tous. Galien le Medecin de l'Empereur Marc Antonin, & l'esprit le plus galant, le plus délicat, & l'homme le plus sçavant de la Cour, fut fort attaché à la doctrine d'Aristote, & il fit des Commentaires pleins d'erudition sur les ouvrages de ce Philosophe. Alexandre de Damas enseignoit alors à Athenes la doctrine d'Aristote, & Ammonius Saccas l'enseignoit dans Alexandrie. La reputation de cet Ammonius fut grande à cause du genie extraordinaire qu'il avoit pour les sciences: & comme il s'estoit remply l'esprit de la doctrine de Platon & de celle d'Aristote, qu'il avoit jointes ensemble, il fut le premier qui donna cours à cette Philosophie meslée de l'un & de l'autre, que les sçavans embrasserent depuis, comme fit Plotin, Porphyre, Syrien d'Alexandrie, son disciple Proclus, que Simplicius apelle le maistre de ses Maistres, & comme firent ensuite quantité d'autres.

Ce temps-là, qui fut si fertile en grands personnages, commença à faire connoistre la profondeur du genie d'Aristote, par l'application qu'eurent les sçavans à estudier sa doctrine, & à l'expliquer par leurs

Commentaires, comme Aphrodisée sous Antonin; Aspasius sous Commode; Syrianus sous Gordien; Porphyre sous Galien & sous Aurelien; Proclus sous Julien; le second Ammonius son disciple, qui a si bien écrit sur le livre de l'*Interpretation* d'Aristote sous Valentinien; Didyme qui fut maistre de saint Jerôme sous Gratien; Themistius sous Jovinien & Valens; saint Augustin sous Honorius; Olympiodore sous le jeune Theodose; Simplicius & Philoponus sous Justin & sous Justinien; Boëce sous l'Empereur Anastase & sous le Roy Theodoric. Je ne parle point d'Asclepius, de Prisscien, de Dexippus, de Damascius, & d'une infinité d'autres. Tous ces grands hommes qui furent les plus sçavans de ces premiers siecles, contribuerent par leurs ouvrages à faire connoistre au monde la doctrine d'Aristote, qui devenoit d'autant plus estimable, qu'on la connoissoit mieux. Le mauvais traitement que l'Empereur Caracalla fit aux sectateurs de ce Philosophe, ne fut pas fort prejudiciable à cette secte, par l'opinion qu'on eût de l'esprit de cet Empereur, qui s'estoit rendu méprisable par ses extravagances : car il fit mourir fort injustement Papinien le plus grand homme de l'Empire, & il persecuta avec beaucoup de brutalité les gens de bien, & les sçavans.

Les sentimens des Chrestiens dans les trois premiers siecles, ne furent pas si favorables à Aristote qu'ils le furent à Platon : mais dans la suite la reputation d'Aristote s'augmenta d'autant plus qu'on s'appliqua à le connoistre : au contraire celle de Platon diminua à mesure qu'on l'examina. A la verité les premiers Peres se défierent d'abord d'Aristote, comme d'un Philosophe qui donnoit trop au raisonnement & au sens : ils jugerent sa doctrine peu propre au Christianisme, qui demande une soûmission parfaite de la raison, que ce Philosophe consultoit trop. On le crût trop naturel, trop politique, trop rafiné, enfin trop Philosophe : ainsi on ne le souffroit pas mesme dans les Bibliotheques. Tertullien le fit passer pour un miserable Sophiste, de qui tous les ennemis de la Foy prenoient des armes pour la combattre & pour défendre l'erreur : & il pretend que c'estoit contre sa doctrine, que l'Apostre dans l'Epistre aux Colossiens, avertit les fideles de prendre des précautions, parce qu'elle estoit dangereuse. On s'apperceut mesme de ce danger par l'exemple des Theodotiens sous l'Empereur Severe, qui se servoient de la methode & des raisonnemens d'Aristote, pour appuyer leur erreur. Les Carpocratiens furent condamnés pour avoir mis l'image de ce Philosophe avec celle de JESUS-CHRIST, & pour l'avoir adorée par une extravagance de zele pour sa doctrine. Les Aëtiens furent excommuniés par l'Eglise, & par les Arriens mesme, dont ils estoient sortis : parce qu'ils donnoient à leurs disciples les categories d'Aristote pour Catechisme. Les Antinomiens allerent jusques à cet excés d'impieté, que de porter plus de respect à ce sage Payen, qu'à la Sagesse increée.

Origene dans les livres qu'il a fait contre Celsus, qui de Juif se fit Payen, commença aussi un des pre-

Tertul. lib. 1 de præscript. Videte nequis vos circumveniat per Philosophiam, ad Coloss.

Bar. Annal. Eccl. ad an. 110.

Ibid. ad an. 208.

Euseb. hist. c. 27.

miers à décrier Aristote parmy les Chrestiens, par la préoccupation qu'il avoit pour Platon : & parce qu'en effet il trouva trop de raisonnement dans ce Philosophe. Son esprit accoustumé à l'air fleury & agreable de Platon, ne pût s'accommoder de celuy d'Aristote. La pluspart des autres Peres entrerent dans ces sentimens, comme saint Justin dans le Dialogue à Tryphon, saint Clement d'Alexandrie dans son avertissement aux Gentils, saint Irenée dans son livre contre les Heresies, Eusebe en divers endroits de ses ouvrages, saint Athanase contre Macedonien, saint Basile & saint Gregoire de Nysse contre Eunomius, saint Gregoire de Nazianze dans ses Oraisons vingt-sixiéme & trente-troisiéme, saint Epiphane au livre second des Heresies, Faustin dans le livre qu'il a fait contre les Arriens, saint Ambroise dans le premier livre de ses Offices, saint Chrysostome sur l'Epistre aux Romains, saint Cyrille contre l'Empereur Julien, & tant d'autres qui trouverent à redire à Aristote, par la crainte qu'ils avoient qu'il n'imprimast au Chrestien un caractere de Dialectique qui fait pointiller sur tout, & qui est tout-à-fait contraire à l'esprit de la Foy, qui ne demande que de la soûmission. Ils croyoient qu'on pourroit faire aysément un mauvais usage de la doctrine de ce Philosophe : parce qu'ils ne l'avoient pas encore bien comprise. *On nous apelle fideles*, disoit saint Chrysostome, *afin que par le mépris du raisonnement humain, nous nous élevions aux grandeurs de la Foy.*

Hom. 24. in Ioan.

Il se trouva toutefois à la fin que cet art de raisonner qu'enseigne Aristote n'avoit rien de faux, qu'il estoit mesme fort solide, & qu'il pouvoit estre de quelque utilité à nostre Religion : laquelle ne laisse pas d'estre conforme à la raison, toute surnaturelle qu'elle est. Anatolius qu'Eusebe apelle le plus sçavant de son temps, & qui fut depuis Evesque de Laodicée, fut le premier des Chrestiens qui enseigna la doctrine d'Aristote dans Alexandrie, & qui commença à le faire connoistre vers la fin du troisiéme siecle, sous l'Empire de Diocletien. L'autorité de ce sçavant homme restablit celle d'Aristote dans l'Egypte, & luy donna de la reputation dans l'Italie. Themistius celebre Peripateticien, & amy intime de saint Gregoire de Nazianze, n'ayant pas peu contribué à adoucir l'esprit de l'Empereur Valens à l'égard des Chrestiens, releva beaucoup la gloire d'Aristote sous l'Empire de Theodose, qui luy fit l'honneur de luy confier, quoy qu'il fût Payen, son fils Arcadius pendant un voyage qu'il fit en Italie. Saint Jerôme parle bien favorablement de la doctrine d'Aristote dans son livre second contre Pelage. Saint Augustin dont l'esprit estoit si penetrant, n'eût pas pensé à travailler sur cet auteur comme il fit, s'il n'eût eû bien de l'estime pour luy : & dans les livres qu'il a fait contre Crescenius, il blâme fort ce Grammairien Donatiste, de vouloir oster à l'Eglise l'usage de la Dialectique, si utile pour la défense de ses verités. Theodoret donna de grands éloges à cet admirable aveugle, Didyme d'Alexandrie un des plus sçavans de son temps,

^{Peripateticorum sententiæ consentit sanctæ scripturæ autoritas. Hier.}

^{Theod. l. 4. hist. Eccl. c. 29.}

parce qu'il avoit bien entendu la doctrine d'Aristote : Il le loue de l'avoir si clairement expliquée dans les Commentaires, qu'il en fit sur la fin du quatriéme siecle. Victorin qui fut un des Maistres de saint Jerôme, & que ce Pere met au nombre des escrivains Ecclesiastiques, commença à Traduire en Latin l'introduction de Porphyre, qui est necessaire pour l'intelligence des ouvrages d'Aristote. Pretextat traduisit en la mesme langue les livres des *Analytiques*.

L'Empereur Theodose le jeune, qui avoit tant de passion pour les lettres, au rapport de Sozomene, fit venir de Grece un Philosophe Peripateticien nommé Celsus, pour enseigner à Rome la Philosophie : l'Empereur eût bien de la consideration pour luy, comme l'assure Symmachus dans ses Epistres. Et cet Empereur avoit grand soin de faire venir d'habiles gens d'Athenes, pour instruire la jeunesse Romaine, & pour faire refleurir l'amour des lettres sous son regne. Enfin, cet illustre Romain Severin Boëce qui fut trois fois Consul, aprés avoir estudié l'espace

Soz. hist. Eccl. præf.
Inter præcipua negotiorum, curatum est, ut in erudiendis nobilibus præceptores ex Attica poscerentur. *Sym. lix. ep. 18.*

de dix-huit ans à Athenes la Philosophie d'Aristote, & aprés l'avoir encore plus particulierement aprofondie par une estude fort particuliere, & par de longues meditations, fit une traduction Latine des ouvrages de ce Philosophe. Ainsi il fut le premier qui fit entierement connoistre cet auteur dans l'Eglise Latine : où il n'estoit connu que par le bruit qu'y faisoient les traductions, & les Commentaires des Interpretes Grecs, dont la reputation s'estoit répanduë depuis quelque temps dans l'Italie. Si bien qu'Aristote ne commença à estre tout-à-fait connu en Occident que dans le sixiéme siecle : & ce fut à Boëce qui fut le plus grand genie de son temps pour les lettres, auquel on eût cette obligation.

Mais quoyque le travail de Boëce deût attirer des sectateurs à la doctrine d'Aristote, dans un temps où il l'avoit exposée aux yeux de tout le monde avec tant de netteté : toutefois par le mal-heur du siecle, qui fut fort troublé par les guerres d'Italie, & par l'ignorance des Empereurs, il n'y eût depuis Boëce jusques à la fin du huitiéme siecle, que le seul saint Jean Damascene sous l'Empereur Copronyme, qui parut avoir de l'amour pour la Philosophie. Il estoit de Syrie, où il y avoit encore quelque reste de literature : il s'attacha à l'estude d'Aristote, & il fit un abregé de sa Logique de sa Morale, & de ses autres ouvrages. Mais l'ignorance & la stupidité de ces temps-là, & du siecle suivant fut si grande, qu'on prenoit pour des Necromantiens ceux qui sçavoient quelque chose : comme le dit Bellarmin du Pape Sylvestre second, qui sçavoit la Philosophie & la Geometrie. Il paroist de tout ce discours que la doctrine d'Aristote fut peu connuë des Peres Grecs, & encore moins des Peres Latins : & qu'ainsi elle fut de peu d'usage à la Religion dans ces premiers siecles. Voyons si dans les suivans elle n'a point esté plus heureuse : & pour cela examinons quelle a esté dans les derniers temps, la fortune de Platon & d'Aristote.

CHAP. V.
Les sentimens des sçavans

L'ESTRANGE estat où la Grece & l'Italie se trouverent dans les siecles suivans, par les terribles revolutions de ces deux Empires, ne laissa ny le loisir, ny mesme la liberté à ceux qui avoient du genie pour les lettres de s'y apliquer. Ainsi la confusion de ces temps-là fut cause de celle où se trouva la Philosophie avec ceux qui en faisoient profession. Zonaras au troisiéme tome de son histoire, parle d'un Philosophe nommé Leon, qui dans le neuviéme siecle sous l'Empire de Michel, & sous l'Imperatrice Theodora sa mere, se rendit celebre à Constantinople, par le Ministere de Bardas oncle de l'Empereur, qui eût de l'inclination pour les lettres. Ce Leon fut Evesque de Thessalonique : l'Empereur reconnut son merite, par les instantes prieres que luy fit le Roy des Sarrazins de le luy envoyer, pour profiter de sa science : Photius qui fut depuis Patriarche de Constantinople, & le plus docte de son temps, devint sçavant sous le mesme regne. Mais ny le Patriarche, ny l'Evesque ne prirent point de party dans la Philosophie, pour s'attacher à celle de Platon ou d'Aristote. L'amour des lettres s'éteignit tout-

des huit derniers siecles, sur la doctrine de Platon.

à-fait dans le dixiéme siecle parmy les Ecclesiastiques : parce que l'Eglise joüissoit d'une paix assés profonde : & elle n'eut rien dequoy reveiller cette émulation, qui fait les habiles gens.

Michaël Psellus, qui fut un des sçavans de l'onziéme siecle, s'apliqua fort à estudier Platon : mais n'estant combattu de personne sur les sentimens qu'il en avoit, il écrivit sur Aristote & sur d'autres matieres. Hugues de saint Victor qui fut fort versé dans les lettres, donna peu de temps aprés des marques dans ses ouvrages, qu'il n'estoit pas fort touché du merite de Platon, & qu'il n'aprouvoit pas sa doctrine : Il se trouva aussi environ ce mesme temps que dans les demeslez qu'eut saint Bernard, avec Abaillard celebre Theologien de la Faculté de Paris ; il luy fit reproche que faisant de vains efforts pour faire passer Platon pour Chrestien, il s'exposoit luy-mesme à devenir Payen. Il se trouva aussi que saint Thomas s'apliqua à estudier Platon dans son temps : mais ce ne fut que pour refuter ses idées, &

Dum multum sudat, quomodo faciat Platonem Christianum, se probat Ethnicum. Ber. ad Innoc. epist. 193.

quelques autres de ses sentimens sur la Metaphysique, qui ne luy parut pas fort solide.

Enfin, soit que le calme où se trouva l'Eglise pendant les siecles suivans, laissast à ses docteurs le loisir d'estudier les Peres, & de faire plus de reflexion sur les sentimens qu'ils avoient de la doctrine de Platon, qui leur avoit semblé dangereuse : soit que le genie de ces temps-là ne portast pas à l'estude de cette Philosophie ; elle fut tout-à-fait abandonnée jusques au quatorziéme siecle, qui fut le temps auquel les guerres continuelles d'Orient, la prise de Constantinople par les Turcs, le Concile de Basle & celuy de Florence, attirerent en Italie les plus habiles gens de la Grece, qui ne contribuerent pas peu à restablir la gloire de Platon, & la reputation de sa doctrine dans l'Occident.

Les plus considerables parmy ces Grecs qui vinrent en Italie, furent Jean Argyropile, auquel le grand Cosme de Medicis donna ses deux fils à eslever; Emmanuel Chrysolore, le premier qui aporta en Italie l'amour des belles lettres, Theodore de Gaze, & George de Trebisonde, l'un & l'autre fort zelés pour la doctrine d'Aristote, Bessarion Archevesque de Nicée & Patriarche de Constantinople, & Gemiste Plethon. Bessarion qui s'étoit toûjours attaché à la doctrine de Platon, qu'il preferoit à toutes les autres, ayant oüi prononcer dans le Concile de Florence le nom d'Aristote avec éloge ; & ayant apris que le Theologien le plus celebre qui eût esté dans l'Eglise Latine, saint Thomas avoit esté le commentateur de ce Philosophe, il en témoigna un tres-grand estonnement. Mais il fut bien plus surpris, quand il vit l'ouvrage de George de Trebisonde, qui dans une comparaison de la doctrine de Platon & d'Aristote, qu'il mit alors en lumiere donnoit tout l'avantage à Aristote. Ce qui obligea ce Patriarche de faire l'Apologie de Platon dans ce bel ouvrage, qu'il intitula, *contre le Calomniateur*. Ce grand homme avoit porté l'Empereur de Constantinople Jean Paleologue à traiter d'accommodement avec le Pape Eugene IV. pour la reünion de l'Eglise Grecque avec la Latine, & ce fut luy qui resista avec bien du zele & bien de la chaleur aux oppositions de Marc d'Ephese, qui traversoit ce dessein, pour lequel le Pape le fit Cardinal : & il se servit de tous ces avantages que son credit luy donnoit, pour rendre Platon recommandable dans la Cour de Rome, & dans celle de Florence, qui aymoit les lettres & les sçavans, & qui s'estoit déja laissé prévenir sur le merite de Platon, par Argyropile.

Mais rien n'augmenta si fort l'affection que ce Prince avoit pour la Philosophie de Platon, que les discours que Gemiste Plethon fit en sa presence sur cette doctrine. Marcile Ficin fils de son Medecin, ayant assisté à un de ces discours à l'âge de treize ans, & ayant témoigné d'en estre touché, comme il l'avouë luy-mesme dans sa preface sur Plotin : le Grand Cosme le nomma son interprete sur Platon, commanda qu'on luy fournit les Commentaires de Plotin, pour s'y preparer par cette

Præm. in Plotin ad Lauren. Medic.

estude, le fit chef de l'Academie, qu'il destinoit alors pour enseigner la doctrine de Platon dans cet Estat, & luy ordonna des appointemens qui furent payés dés cette année là. L'amour que ce Prince & ses successeurs Pierre, Jean, & Laurent de Medicis eurent pour Platon, les écrits de Marcile Ficin sur la doctrine de ce Philosophe, avec ceux du Cardinal Bessarion & de Plethon, qui furent si estimés, rétablirent si fort le credit de Platon dans toute l'Italie, que la pluspart des sçavans qui y eurent de la reputation devinrent Platoniciens: C'est à dire, Jean Cavalcante, Angele Politien, le Cardinal Cusa, Jean Pic de la Mirande, Pomponace Professeur de Padoüe, Jerôme Fracastor, grand Poëte, celebre Medecin, & disciple de Pomponace, Cardan, Aretin, Frederic Duc d'Urbin, Everard Duc de Virthemberg, Jacques Mazzonius Professeur de Pise, qui a écrit sur Platon & Aristote, Jerôme Donat de Verone, qui a fait un ouvrage sur la difference de leur Philosophie, Cremonin, Patricius, & un grand nombre de sçavans, qui fleurirent dans le quinziéme siecle en Italie. Car comme la Maison de Medicis contribua fort à y rétablir les lettres, en partie par les Princes sçavans qu'elle eût, en partie par leurs liberalités envers ceux qui l'estoient : la pluspart de ceux qui s'y appliquerent entrerent dans leurs sentimens, & devinrent favorables à la doctrine de Platon. On la trouva belle, agreable, ingenieuse, & elle fut la doctrine universelle de tous les beaux esprits.

Neanmoins Marcile Ficin porta les choses trop loin, par l'emportement qu'il eut pour cette Philosophie. Car il s'estoit mis trop legerement dans la teste, d'appuyer les sentimens de nostre Foy, par ceux de ce Philosophe. Il disoit que le dialogue de Criton est le sommaire de l'Evangile : il pretendoit expliquer par cette doctrine le Mystere de la Trinité, le plus incomprehensible & le plus inexplicable de nos Mysteres : & il vouloit reduire par l'autorité de Platon, l'esprit de ceux qui resistoient à l'autorité de

Reor hoc providentia divina decretum, ut perversa multorum ingenia, quæ soli divinæ legis autoritati haud facile cedunt, Platonicis saltem rationibus religioni admodum suffragantibus acquiescant. Ficin. præm. ad Plat. Theologiam.

Jesus-Christ. Ces excés firent que beaucoup de gens trouverent dans cette Philosophie du panchant à ne rien croire : puis que l'on appuyoit d'une si foible autorité, ce que nôtre Religion a de plus difficile à comprendre. Ce fut aussi par les principes de cette doctrine, que Pic la Mirande qui en estoit passionné tomba dans l'erreur, l'Aretin dans le libertinage, Cremonin, Pomponace & d'autres dans l'incredulité : Cardan Medecin de Pavie, qui s'estoit fait une espece de Philosophie meslée d'Astrologie judiciaire, & d'un grand ramas des anciens Philosophes de toutes les sectes, enseigna sous Leon X. qu'il y avoit de certains esprits en l'air avec de petits corps subtils & nebuleux, qu'il avoit pris de Platon avec bien d'autres chimeres, dont parle Gaddi en sa Bibliotheque : il ajoûte que ses sentimens sur l'immortalité de l'ame furent suspects; & luy-mesme tout sçavant qu'il estoit, passa pour un visionnaire en bien des choses. Ainsi l'on trouva cette Philosophie vaine & mesme dangereuse dans l'usage mauvais qu'on qu'on en pouvoit faire, n'y prenant pas les precautions necessaires. Ce qui obligea le Cardinal Bellarmin, qui a esté un des plus solides esprits de son temps, de détourner le Pape Clement VIII. qui fit bastir le College de la Sapience à Rome, d'y fonder une chaire pour y enseigner la doctrine de Platon: comme on luy avoit mis dans l'esprit. Et nous lisons dans les memoires de M. Canaye, qu'un Prioli noble Venitien, devant estre envoyé Ambassadeur à Henry le Grand de la part de la Republique: le fit prier avant de partir, d'obtenir du Roy la permission pour un Docteur Italien de ses amis, d'enseigner à Paris la Philosophie de Platon, qu'il sçavoit tres-bien, & qu'il avoit fort estudiée. Mais le Roy averty par son Conseil, du danger qu'il y avoit de donner trop de credit à cette Philosophie, n'y peut consentir.

Enfin, le P. Petau Theologien de la Compagnie de Jesus, dans le premier Chapitre du second volume de ses dogmes, montre le danger qu'il y a d'étudier Platon, sans se bien te-

K

nir sur ses gardes ; & à quel excés d'emportement on est sujet, quand on veut trop s'attacher aux sentimens de ce Philosophe. Il prouve cela par les sentimens des Peres, & par les funestes exemples qu'il en raporte. On peut dire pour conclure l'Histoire de la doctrine de Platon, qu'elle est de peu d'usage en ce siecle : où la destinée l'a reduit aux bibliotheques & aux cabinets de quelques Declamateurs, qui cherchent à briller dans la chaire ou dans le Barreau : car en effet son discours a de l'éclat. Mais comme il donne plus à l'apparence qu'à la verité, il ne laisse à l'esprit de ceux qui le lisent qu'un fort grand vuide des choses dont il traitte, & l'on ne va à rien de fort solide par sa doctrine, quoy qu'elle plaise & qu'elle éblouïsse toûjours. Le seul bon usage qu'on peut faire de Platon, est celuy qu'en a fait saint Augustin, de reduire les choses dont on parle à leur perfection par leurs idées, pour en faire des portraits veritables. Platon sert aussi à donner une expression éclatante propre à l'Eloquence : surquoy n'ayant rien davantage à observer, je reviens à Aristote.

SES avantures furent si bizarres dans les derniers siecles, qu'on a de la peine à comprendre: comment on a pû faire dans la suite des temps de si differens jugemens d'une mesme personne: car jamais Philosophie n'a esté traittée avec plus d'honneur ny avec plus d'infamie tout ensemble, que celle d'Aristote: le détail en est estonnant. Le peu de sçavans qui se trouverent dans le neuviéme & le dixiéme siecle, l'ignorance de la langue Grecque, la rareté des bons manuscrits des Commentaires faits sur les ouvrages de ce Philosophe, arresta fort le cours de sa doctrine : on ne vouloit pas se fier à ses interpretes sans consulter l'original de son texte. Outre que la subtilité ou plûtost la profondeur de sa doctrine, son style pressé & concis , qui demande une grande attention détourna la pluspart des esprits de s'y appliquer avec tout l'attachement necessaire. Les plus sçavans mesme imitans les Peres des premiers siecles, qui l'avoient negligé, creûrent que ce Philosophe

CHAP. VI.
Les sentimens des sçavans des huit derniers siecles sur la doctrine d'Aristote.

K ij

ne meritoit pas d'estre examiné: ils se défierent aussi bien que ces Peres, d'une Philosophie trop attachée à la nature, au sens, & à la raison, pour estre de quelque usage à la Religion. Il se trouva mesme des demy-sçavans qui entreprirent de décrier ce Philosophe auprés des vrays Theologiens : parce qu'ils n'y comprennoient rien. Voilà l'estat où estoit la Philosophie d'Aristote en l'Eglise Latine : qui n'eut pas alors des gens fort intelligens, à cause de l'oisiveté où le calme dont elle joüissoit, avoit reduit la plufpart des esprits. Il est vray que la simplicité qui regnoit dans ce siecle là, sur tout parmy les Ecclesiastiques, & dans les Monasteres où estoient les seuls sçavans, ne peut s'accommoder des raisonnemens d'Aristote, qui sembloit inspirer un esprit de contradiction tout-à-fait opposé à la soûmission de la foy. Ce fut aussi ce qui obligea saint Bernard & Otton Evesque de Frisinge, de declamer avec tant de zele contre Abaillard & Porretin Evesque de Poitiers, qui s'estoient gasté l'esprit par une fausse Dialectique, qu'ils avoient prise de l'estude d'Aristote.

Les Grecs qui refleurirent dans l'onziéme siecle & dans les suivans, avoient mieux estudié Aristote, dans ces admirables Commentateurs des premiers siecles, qu'ils lurent soigneusement: leur langue, qui ne laissa pas de se conserver à Constantinople malgré les guerres, leur servit pour entretenir quelque sorte de commerce avec Aristote & ses Commentateurs. Il y eut alors peu de sçavans qui ne s'attachassent à l'estude de ce Philosophe ; sur qui ils travaillerent la pluspart, Sisinnius sous l'Empereur Constantin Monomaque ; Psellus sous Michel Stratiotique ; Magentin & Michel d'Ephese, environ le regne d'Isaac Commene ; Nicephore Blemmydés sous l'Empereur Jean Duca; Eustathius Evesque de Thessalonique, & Michel Paleologue sous Andronic; Cantacusene qui se fit Religieux au mont Athos, aprés avoir porté la Pourpre Imperiale ; George Pachymerés, Theodore Metochita, George de Chypre, Chilas d'Ephese, Daniel Cyzigene, Glycis,

Gregoras, Planudés, & les autres sous les Empereurs suivans, qui donnerent tous bien du credit à Aristote dans l'Eglise Grecque.

Mais la reputation de ce grand homme s'estoit déja répanduë avec bien plus de bruit, dans toute l'Afrique parmy les Arabes & les Maures. Car Mahomet qui dans le septiéme siecle s'estoit érigé en Prophete, en se faisant general d'armée, & qui avoit estably une nouvelle religion par le fer & le feu, donna lieu par ses conquestes à l'amour des lettres dans un païs où elles estoient fort negligées : ce qui est une suite ordinaire de la puissance & de la prosperité. Le premier Calife de ses successeurs qu'on remarque avoir esté touché de cette passion, fut Almanzor fondateur de Bagdet de la famille de Ben-abas, qui commença à regner l'an de l'Egyre 137. & de Jesus-Christ 755. il joignit à l'estude de la loy ; c'est à dire de l'Alcoran, qui estoit la seule estude de ses predecesseurs, celle de la Philosophie & de l'Astronomie. Le Calife Ab-dalla qui commença à regner en l'année 815.

envoya des Ambassadeurs à l'Empereur de Constantinople, pour luy demander des livres de toutes les sciences, qu'il fit traduire en sa langue, les ayant obtenus: pour exciter parmy ses peuples l'amour des lettres: ces soins ne furent pas inutiles; car il s'esleva sous son regne plusieurs Philosophes, & de fort habiles Medecins.

Il se trouve quelques Historiens Arabes, qui disent que Mahomet défendit par sa loy l'estude des lettres, pour mettre à couvert les absurdités de sa religion sous l'ignorance, dont elle faisoit profession: mais que le Calife Almamon ou Maïmon réveilla l'amour des lettres, à l'occasion d'un spectre qui luy aparut la nuit sous la figure d'Aristote, qui l'excita à l'estude de la Philosophie. Ce Calife ayant vaincu l'Empereur Michel, dans les conditions de paix il demanda la communication de leurs livres. Ce fut luy, qui au raport de Scaliger, fit traduire en sa langue l'Almageste de Ptolomée, pour apprendre à ses sujets l'Astronomie.

De sorte, que les sciences qui

estoient passées de Grece en Italie, passerent d'Italie en Afrique, aussi bien que la domination qui dura jusques à l'an 1258. auquel temps Bagdet fut pris par les Tartares : & cet amour des sciences continua encore sous les Rois d'Egypte, de Fez & de Maroc : & ces siecles qui furent ceux de l'ignorance en Europe, furent des siecles sçavans en Afrique & en Egypte : car dans tous ces temps-là, il se forma une feule de Philosophes qui firent bien de l'honneur par leurs Commentaires à la doctrine d'Aristote, dans l'Afrique où elle n'estoit encore pas connuë. Les plus celebres de ces Philosophes furent Alfarabius, Algazel, Albumazar, Maimonidés, Alkindus, Albefagar, Albencini ou Avicenne, & Averroés : Alfarabius ayant trouvé en Mesopotamie les livres de la Physique d'Aristote, il les lût quarante fois de suite, & apres les avoir lûs tant de fois, il écrivit à la fin qu'*il estoit prest de les lire encore*. Avicenne & Averroés se signalerent plus que les autres, non seulement par leurs Commentaires : mais encore par la passion qu'ils firent éclater dans leurs écrits pour la personne, autant que pour la doctrine d'Aristote : & ils luy attirerent par là tant de credit, qu'il s'establit des Universitez pour enseigner la Philosophie d'Aristote, à Constantine, à Tunis, à Tripoly, à Fez, à Maroc. Pic de la Mirande, assure que les Arabes firent tant d'estat des livres d'Aristote : quand ils en eurent connû le prix, qu'ils abandonnerent tous les autres. On dit qu'Avicenne aprit par cœur les livres de la Metaphysique, par un attachement extraordinaire qu'il eût à cet ouvrage, comme à celuy qu'il estimoit le plus.

Pic. Mir. l. 4. de van. doct.

Ce fut l'estat où ces peuples mirent la doctrine de ce Philosophe dans les lieux où ils commandoient pendant les cinq cens ans qu'ils furent les maistres du monde : car ils estendirent leurs conquestes jusques en Espagne : où les Maures porterent aussi cet esprit. Ils establirent un College à Cordouë, qui devint encore plus florissant dans les siecles suivans : & les Espagnols aporterent en France les Commentaires d'Avicenne & d'Averroés sur la Philosophie d'Aristote, qui y estoit déja un peu connüe : mais qui par les differens goûts des derniers siecles, y avoit eu des avantures & des revolutions assez estranges, aussi-bien qu'en Italie.

Les livres d'Aristote ayant esté apportés en France dés le commencement du treiziéme siecle par les François qui prirent Constantinople, on commença à enseigner sa doctrine publiquement dans l'Université de Paris, ce qui dura quelque-temps. Mais il se trouva en cette Université un broüillon nommé Amaury, qui voulant soûtenir ses extravagances par les principes d'Aristote, qu'on commençoit à enseigner, & dont il avoit leû la Physique, fut condamné d'heresie par un Concile qui se tint au mesme lieu, l'an douze cent neuf : les livres d'Aritoste furent brûlés, & la lecture en fut défenduë sous peine d'excommunication. A la verité ce pretendu docteur avançoit de grandes absurdités ; par exemple, que Dieu servoit de forme à la matiere, de tous les estres naturels, que cette matiere estant increée, estoit divine, & de semblables visions. On imputa ces erreurs à Aristote, de qui il en avoit pris les principes à ce qu'on pretendoit: parce qu'on ne le connossoit pas encore. Depuis sa Metaphysique fut condamnée par cette Assemblée d'Evesques qui se tint à Paris sous Philippe Auguste: & six ans aprés le Cardinal de saint Estienne envoyé en France par le Pape Innocent troisiéme, en qualité de Legat, défendit aux Professeurs de l'Université d'enseigner la Physique. Ce qui fut confirmé seize ans aprés par une Bulle de Gregoire neuviéme, adressée à l'Université de Paris. Simon de Tourné tres-celebre Professeur de Theologie de la mesme Université, & Pierre de Dinant maistres és arts, furent accusés d'heresie peu de temps aprés, pour s'estre aussi trop attachés aux sentimens d'Aristote.

Mais pendant que ces disgraces arrivoient à la doctrine de ce grand personnage, il se trouva à Paris les trois plus grands Theologiens de ce temps-là, qui commencerent à l'honoter de leur travail & de leurs Commentaires, Alexandre d'Alés, Albert le Grand, & S. Thomas son disciple. Saint Jean Damascene leur avoit le premier ouvert le chemin qu'ils prirent. Car ayant fait un abregé fort exact de la Logique, & de la Morale d'Aristote, il se servit de cet abregé pour mettre en ordre cet excellent ouvrage de la Theologie, qu'il nous a laissée dans ses quatre livres de la foy Ortodoxe. Ce fut sur ce plan & sur ce modele, que Pierre Lombard arrengea les opinions des Peres sur la Theologie, prés de quatre cent ans aprés saint Damascene, dans son livre des Sentences; ouvrage que saint Thomas a rendu si accomply, en se servant si bien de ce grand original, dont saint Damascene & le Maistre de Sentences avoient pris le premier plan dans Aristote. Mais saint Thomas entreprit de suivre leurs traces, sans s'attacher à leur Methode : car il prit une maniere qui luy fut particuliere : & par laquelle il s'érigea en premier fondateur de cette Scholastique, qui a esté depuis si fort en vogue ; & qu'il avoit prise vray-semblablement des Arabes. Je ne pretend pas qu'on m'en croye sur ma parole ; c'est une pensée, que je soûmets au jugement des sçavans, comme une conjecture en laquelle je puis me tromper.

Je dis donc, que quand saint Thomas vint au monde, il y avoit prés de quatre cens ans, que les Arabes qui estoient les seuls sçavans, estudioient la Philosophie : au lieu qu'il n'y avoit pas cent ans que l'amour des lettres commençoit à se réveiller dans l'Europe. Ces peuples de qui l'Empire a esté plus grand que celuy des Romains, du moins par l'estenduë de leurs conquestes, qui fut depuis les Indes jusques en Espagne, imprimerent leur genie & leurs manieres, non seulement à leurs sujets; mais encore à tous les peuples qui eûrent quelque commerce avec eux; c'est à dire, à toute l'Europe : & comme leur estude se borna à leur Religion, aux Mathematiques, & à la Philosophie, & qu'ils ne connurent point l'éloquence, ny les beaux arts : parce que la peinture & la sculpture leur estoient défenduës par leur loy : il ne faut pas s'étonner, si par les contemplations oisives de leur esprit naturellement reflexif, ils devinrent si speculatifs, & si Metaphysiciens, & si ils rafinerent enfin si fort sur la Logique & sur la Physique, qui fut leur étude la plus ordinaire, & dont ils se picquerent le plus. Ainsi comme ils estoient en possession d'étudier & d'interpreter Aristote, depuis plus de trois cens ans, ils rendirent cette étude & leurs commentateurs necessaires aux Chrestiens, qui voulurent estudier en Occident, quand les lettres s'y rétablirent, vers la fin du douziéme siecle, & au temps que les Tartares prirent Bagdet. Les Arabes qui estoient les seuls sçavans de ce temps-là, & qui s'estoient acquis une grande autorité dans les lettres, avoient establi dans l'école leur maniere d'enseigner: saint Thomas n'en trouvant point d'autre, il la prit, & depuis elle fut suivie par les Scholastiques. Ainsi ces termes barbares dont se sont servis depuis nos Philosophes sans scrupule, furent pris d'Avicenne & des autres Arabes, à qui ces manieres estoient sans doute naturelles & familieres, & ces termes par la traduction devinrent de bon Arabe, qu'ils estoient peut estre, un fort méchant Latin. Ce fut sans doute de cette sorte que la Philosophie se gasta par le commerce de ces peuples qui estoient les maistres. Il est mesme à croire que quand saint Thomas auroit connû quelqu'autre maniere de traiter la Philosophie, il auroit eu raison de suivre celle qu'il avoit prise des Arabes, pour confondre leur orgueil, & leur faire voir qu'on pouvoit aisément défendre la Religion Catholique contre leurs calomnies, en prennant leur maniere d'enseigner, & en suivant leur Aristote auquel ils s'attachoient si fort. Il est probable aussi que ce mauvais goust des Arabes, qui avoient peu de connoissance des belles lettres, s'establit dans les écoles d'Europe : comme le mauvais goust des Goths, s'y establit dans l'Architecture & dans les autres arts.

Il est aussi à remarquer, que ces peuples s'attacherent à la Philosophie d'Aristote plûtost qu'à celle de Platon : parce qu'ils trouverent la doctrine d'Aristote plus establie que celle de Platon chez les Grecs, de qui ils receûrent les sciences: comme il paroist de saint Jean Damascene le premier des Philosophes Chrétiens, qui avoit esté sous la domination des Musulmans: outre que le Genie des Arabes contribua beaucoup à leur faire preferer Aristote à Platon, l'air brillant de l'éloquence de celuy-cy qu'ils ne goustoient point, les toucha moins que le style concis, & la maniere solide du raisonnement de l'autre. Ce sont des conjectures; & si j'en estois fort entesté, je pourrois peut-estre les faire valoir par l'autorité de saint Thomas, & de tous les Philosophes les plus judicieux, qui se sont plaints que les Arabes avoient gasté la Philosophie: en effet, leurs mains par qui Aristote est venu en Europe ne furent pas assés pures, parce que ces peuples ne sçavoient pas bien le Grec. Mais je reviens aux avantures d'Aristote dans l'Université de Paris.

Il s'y fit une nouvelle reforme l'année 1366. par les Cardinaux de saint Marc & de saint Martin, Commissaires d'Urbain V. pour rétablir en France la doctrine d'Aristote. Il fut ordonné par cette reforme qu'on ne feroit plus de Maistres és Arts qui n'eussent esté examinés sur la Logique, la Metaphysique, la Physique & les livres de l'Ame d'Aristote. Le Cardinal d'Etouteville fut Deputé en quatorze cent soixante-six, par Charles septiéme, pour faire garder ces reglemens, qui dans la suite furent negligés: si bien qu'il ordonna qu'on estudieroit Aristote, plus soigneusement qu'on ne faisoit, pour relever l'éclat de l'Université de Paris, qui commençoit à s'obscurcir par cette negligence.

En l'année quatorze cent quarante-sept, le Pape Nicolas V. qui fut le restaurateur des sciences dans l'Italie, commanda aux plus habiles gens de son temps, de faire une nouvelle traduction en Latin, des ouvrages d'Aristote, pour l'usage des Theologiens de l'Eglise Romaine. Son Secretaire George de Trebisonde, sçavant Peripateticien y travailla fort, aprés s'estre signalé sous le nom de Theodore de Thessalonique avec Scholorius, dans les disputes qu'il eut sur Platon & Aristote, contre le Cardinal Bessarion & Gemiste Plethon. Alphonse d'Aragon un des plus sçavans Princes qui furent jamais, ayant commencé à connoître le merite d'Aristote par le commerce des Commentateurs, Maures & Arabes, & sur tout par la lecture d'Averroés, pria instamment le Cardinal Bessarion de traduire la Metaphysique de ce Philosophe, ce qu'il fit avec bien du succés. Et le Pape Jean XXII. qui Canonisa saint Thomas & sa doctrine, rehaussa l'éclat de celle d'Aristote, de qui ce grand Docteur de l'Eglise avoit pris ses principes. Enfin sa reputation devint si universelle dans tout le monde, que sa Philosophie commença à passer alors pour la regle & le modele de toutes les Philosophies.

Mais il se fit sur la fin du quatorzième siecle, un grand rafinement de Dialectique, par la furieuse émulation qui se forma sur la doctrine d'Aristote, entre les Nominaux & les Realistes, & entre les Thomistes

& les Scotistes, qui avoient entr'eux de grandes contestations: mais qui tous deux entreprirent les Nominaux. Ces disputes partagerent tellement la plus grande partie des Universités de l'Europe, que ce caractere solide, qui est le caractere essentiel d'Aristote, s'évapora un peu par ces subtilités, dont les esprits s'entesterent, & qui dans la suite gasterent par la confusion de leurs idées & de leurs reflexions, la pureté de la doctrine de ce Philosophe. Le grand champ de bataille entre les disciples de saint Thomas & ceux de Scot, fut l'*univocation de l'estre*, & le sujet principal de la dispute des Nominaux contre les Realistes, fut la *distinction des formalités*, que ceux-là pretendoient n'estre que purement intellectuelle, & ceux-cy la vouloient réelle. Chacun prit party dans ces sectes, & dans les autres qui se formerent peu aprés sur la doctrine d'Aristote, selon l'engagement d'interest, d'inclination, ou de passion qu'il avoit, ou mesme selon l'habit qu'il portoit: ceux qui estoient libres, suivoient le goust le plus universel du siécle, auquel ils vivoient. Mais il se fit alors un si grand débordement d'écrits sur la Philosophie, que Patricius Philosophe Venitien, pretend que l'on comptoit de son temps plus de douze mille volumes imprimés sur la seule Philosophie d'Aristote : tant la passion d'écrire & de rafiner sur cette matiere, estoit devenuë grande : & cette passion parut principalement dans la chaleur, & l'émulation qui se forma entre les disciples de saint Thomas & ceux de Scot, & entre les sectateurs de Biel, d'Occam, & de George d'Arimini.

On porta toutefois si loin cette animosité, par une liberté de tout permettre à son imagination qu'à force de subtiliser, la doctrine d'Aristote se trouva confonduë dans tous ces partys, le tumulte qui s'éleva dans toutes les écoles, qui retentissoient de son nom, ne servit qu'à étouffer sa voix d'une maniere à n'estre presque plus distinguée. En effet, on le déguisa si fort par *ces entités modales, ces distinctions de lieu interne & externe, cette predetermina-*

tion *Physique*, ces *precisions*, ces *intentions reflexes*, cette *univocation de l'estre*, ces *parties entitatives*, cette *eduction des formes materielles*, & toutes ces nouveautés de la Philosophie Moderne: que ce Philosophe n'estoit plus reconnoissable. Il est vray que l'oisiveté du siecle, le mauvais goust qui y regnoit par l'ignorance des bonnes lettres, & la fantaisie excessive de raisonner, donnerent un si grand cours à ces vaines subtilités, que la Philophie perdit un peu par là de son credit & de sa reputation. Car on cherchoit moins la verité par ces subtilités que l'ostentation, & un certain esprit de contradiction, qui est le caractere ordinaire de la vanité : & comme rien ne gasta davantage la Philosophie ancienne que les fausses subtilités de Chrysippus, qu'il faisoit entrer en tout : rien n'a aussi si fort corrompu la veritable Philosophie, que le rafinement de quelques Modernes sur certaines matieres devenuës celebres dans l'école par leur nouveauté. Ainsi la passion déreglée qu'on eut alors pour Aristote que chacun tiroit de son costé, pour l'avoir de son party, ne fut pas une de ses moindres persecutions.

Apres tout la reputation de ce Philosophe s'estoit si fort establie dans l'Université de Paris, & son autorité y estoit devenuë si grande qu'on ne peût y souffrir la hardiesse d'un Professeur de cette Université nommé Ramus, qui voulant s'eriger en bel esprit par de nouvelles subtilités de Dialectique, fit imprimer quelques observations sur la Philosophie d'Aristote, pour en diminuer le credit, le bruit s'en répandit dans les écoles, Ramus fut accusé par les autres Professeurs, & par lettres patentes du Roy François premier fut condamné en l'année 1543. comme un ignorant, un temeraire, & un impudent, d'avoir osé écrire contre Aristote pour renverser l'ordre étably dans l'Université, où l'on n'enseignoit point d'autre doctrine que celle de ce Philosophe. Pierre Galand & Jacques Charpentier, qui estoient alors les deux plus sçavans de l'Université, écrivirent contre luy pour la défense d'Aristote.

Mais rien ne fit plus d'honneur à la doctrine de ce grand homme dans le siecle passé que les invectives atroces de Luther, de Melancthon, de Bucer, de Calvin, de Postel, de Paul Sarpy, & de tous ceux qui écrivirent alors contre l'Eglise Romaine. Car ils ne se plaignent tous d'Aristote que parce que la solidité de sa methode donne un grand avantage aux Catholiques pour découvrir les ruses & les artifices des faux raisonnemens, dont se sert l'heresie pour déguiser le mensonge & détruire la verité. Il se trouva en effet que de toutes les Philosophies celle d'Aristote fut la plus propre pour soûtenir par la droiture de ses raisonnemens la verité de nostre religion, qui a toûjours paru si conforme à la vraye raison. Ce fut aussi le motif qui obligea les Docteurs de l'Université de Paris à faire en l'année 1611. un nouveau reglement, qui ordonnoit aux Professeurs d'enseigner la Philosophie d'Aristote, & qui marquoit la methode de l'enseigner utilement.

Enfin le Parlement de Paris donna un Arrest en l'année 1624. sur une requeste de la Faculté contre des Theses proposées par quelques particuliers, contraires à la doctrine d'Aristote. Et le mesme Parlement donna un autre Arrest en l'année 1629. contre quelques Chimistes extravagans, sur les remontrances de la Sorbonne, qui portoient qu'on ne pouvoit choquer les principes de la Philosophie d'Aristote, sans choquer ceux de la Theologie Scholastique receuë dans nostre religion.

Voila où en estoit alors en France le credit de ce Philosophe, qui s'estoit aussi déja estably dans toutes les Universités de l'Europe, où l'on n'enseigne point à present d'autre Philosophie que celle d'Aristote. Ce consentement si universel de toutes les nations sur l'estime qu'on a par tout de luy, est une grande distinction de son merite. Car on ne connoist que luy presentement dans les Universités d'Italie, d'Allemagne, de Pologne, d'Angleterre, d'Espagne, de Portugal, de France, & des Païs-bas. Enfin pour finir ce discours, on peut dire que l'estat où a esté la reputation de ce grand

grand homme en ces derniers siecles a esté comme la marque du bon & du mauvais goust qui y a regné. On a connu son prix quand on a eû, assés d'esprit pour le connoistre, ou assés de force & de perseverance pour s'attacher à l'étude de sa doctrine : & les siecles les plus éclairés ont esté ceux où on l'a mieux connu. Il est vray que quelques particuliers de ces derniers temps ont parlé peu favorablement de luy, entr'autres Pic de la Mirande dans le quatriéme & le cinquiéme livre de la Vanité des Sciences, Patricius dans ses discussions, Vivés dans les causes de la corruption des arts, Bodin dans sa Republique, Bacon, Galilei, & Gassendy dans leurs traités de Philosophie. Mais il est à remarquer que c'estoient des gens qui s'estoient mis dans la teste de se faire chefs de party, & de dresser de nouveaux plans de Philosophie, aussi-bien que Hobbes, Digbi, & des Cartes qui ont ramassé de vieux fragmens de la Philosophie de Democrite, d'Epicure, de Nicetas, de Seleucus & de quelques autres anciens, pour se fai-

L

res auteurs d'une nouvelle Philosophie, qu'ils croyoient ne pouvoir établir qu'en détruisant celle d'Aristote, qui estoit la plus estimée de toutes.

Nous avons veû naistre ces Philosophies, & nous les verrons finir. Il est vray que celle de Descartes s'est renduë considerable par le merite & par la qualité de quelques personnes qui l'ont honorée de leur protection qu'on doit respecter. Mais ce n'est pas à dire qu'on doive souffrir que quelques petits sçavans de ce party fort satisfaits d'eux-mesmes d'avoir compris aisément quelques principes de cette Philosophie, qui donne assés dans le sens des genies mediocres, fassent les suffisans d'une hauteur à traiter Aristote de chetif Dialecticien qui leur fait pitié : parce qu'ils ne l'entendent pas. Casaubon qui a esté un des plus grands critiques de ce siecle, remarque dans ses Notes sur Diogene Laërce, qu'il n'y a jamais eû que des Sophistes & de petits sçavans qui ayent mal parlé d'Aristote : & il autorise son sentiment par celuy d'un ancien Philosophe, qui avoit dit autrefois la mesme chose des Sophistes & des petits esprits de son temps. En effet, c'est un abysme d'une profondeur impenetrable aux esprits mediocres, que la Philosophie d'Aristote, & en verité l'on ne peut la considerer de sang froid, sans en estre épouvanté. Themistius assure mesme qu'il n'est pas possible de bien entendre Aristote & de le bien expliquer, qu'on n'ait receu de luy quelque participation de son esprit & de son jugement, pour ne s'attacher qu'à la raison, sans préoccupation d'aucun sentiment particulier. Ce qui peut servir de regle pour juger de ceux qui se meslent de decider de son merite, & de sa doctrine, sans sçavoir ce que c'est, & sans connoistre ce Philosophe par luymesme.

Surquoy je ne puis m'empescher de plaindre sa mauvaise fortune, sur l'injustice qu'on luy fait : car on ne le lit d'ordinaire que dans ses interpretes, dont la pluspart ont fait des discours sur les matieres qu'il traite, sans s'arrester à ses paroles, comme l'a fait Eudemus le Rhodien, d'autres l'ont expliqué par des abregés & des Epitomes, comme l'a fait saint Jean Damascene, Psellus & Pachymerés; d'autres ont fait des Paraphrases sur son texte, comme les Arabes & quantité d'autres de ses Commentateurs. La varieté de ces manieres de l'interpreter a fait la diversité estrange des sentimens qu'on luy impute : & a donné lieu à la confusion, où se trouvent la pluspart de ses Sectateurs, qui ne reconnoissent plus le veritable Aristote, parmy ces explications diverses dont sa doctrine s'est trouvé si fort déguisée, & parmy les interpretations differentes, dont son texte a esté corrompu par ses Commentateurs des derniers temps. Mais l'on peut dire avec quelque sorte de certitude, que rien n'a tant autorisé les opinions nouvelles, que la méchante maniere dont la Philosophie d'Aristote s'est debitée depuis quelque temps par quelques speculatifs qui ont pretendu passer pour les sectateurs les plus devoüés à sa doctrine. Il y a mesme de l'apparence qu'on ne s'est avisé de courir aprés les Philosophies modernes, que par le peu de satisfaction qu'on a eû de celle qu'on enseigne aujourd'huy sous le nom d'Aristote. Ce desordre continuë, parce que la pluspart de ceux qui l'enseignent, se copient les uns les autres, sans aller à la source, pour y puiser cette doctrine dans sa pureté.

Mais quoy qu'il semble inutile de vouloir s'opposer à ce desordre, qui s'est si fort estably par le mauvais goust du siecle passé, & que l'oisiveté naturelle des Espagnols jointe à leur flegme, a autorisé par des speculations trop abstraites & trop Metaphysiques : je ne laisse pas de dire, qu'il seroit à souhaiter pour rétablir la vraye doctrine d'Aristote en sa pureté, que ceux qui ont du zele pour sa Philosophie prissent la peine de l'estudier dans la simplicité, où elle a esté écrite par luy-mesme, & où elle a esté expliquée par ses premiers Commentateurs. Car on pourroit par ce moyen entendre les vrays sentimens de ce Philosophe, sans s'y méprendre & distinguer ses dogmes d'avec ses problemes & ses decisions d'avec ses doutes, sans les confondre. On y pensera peut-estre, quand on fera reflexion, que toutes ces distinctions purement intellectuelles, ces formalités, & ces precisions qu'on a introduit dans l'école, ne sont point du tout conformes à la doctrine d'Aristote : puis qu'il les fait passer luy-mesme en divers endroits de sa Metaphysique pour des rafinemens de Sophistes : car *il n'appartient*, dit-il, *qu'au Sophiste d'examiner si Coriscus, & Coriscus Musicien est le mesme, ou s'il ne l'est pas.* Il repete la mesme chose en divers autres endroits de sa Metaphysique : d'où il paroist combien il est éloigné de ces imaginations creuses, dont les Sophistes se font leurs speculations les plus ordinaires & les plus solides : & dont Lucien raille cruellement les Philosophes de son temps, qui s'amusoient à la bagatelle, & qui en disputant des paroles & des noms plûtost que des choses, s'arrestoient à l'écorce & abandonnoient le fruit. Il est vray qu'en meslant ces raisonnemens Metaphysiques, un peu trop indifferemment dans la Morale, & la Theologie on gaste ces sciences, qui

οἱ σοφιστῶν λόγοι περὶ τὸ συμβεβηκὸς μάλιστα πάντων, πότερον ἕτερον ἢ ταὐτὸν μουσικὸς Κορίσκος ἢ Κορίσκος.
Metaph. l. 6. c. 2.

Lucian. in Hermotimo.

n'en sont nullement capables, par leur solidité naturelle, & par leur simplicité.

Avant que de finir, je ne puis pas dissimuler certaines choses, qu'on reproche à Aristote, dont il n'est pas difficile de le justifier. Je conviens d'abord qu'il n'est pas infaillible, estant homme comme un autre: j'avouë mesme qu'il s'est mépris en bien des choses. Mais je ne laisse pas de m'étonner que d'habiles gens, comme Pic de la Mirande, Patricius, Gassendy, & d'autres semblables luy reprochent des bagatelles, comme d'avoir fait des erreurs grossieres dans la Geographie, dans l'Astronomie, dans les Meteores, dans l'Histoire des animaux, & dans ses autres ouvrages. Il est vray qu'il a crû que la terre est plus élevée vers le Septentrion que par tout ailleurs, que le Danube prend sa source des Pyrenées, qu'il n'y avoit point d'arteres dans le foix, & que le cœur estoit le principe des nerfs & non pas le cerveau; comme Galien luy a reproché: enfin, il s'est trompé en bien des choses: & tous les plus grands

Galien. de utilit. respir.

hommes se sont trompés comme luy: Mais par respect qu'on doit à la grandeur de leur genie, l'on ne doit pas les chicaner sur toutes leurs fautes: puisque les fautes mesmes qu'ils font dans les petites choses, sont quelquefois des marques de l'application qu'ils ont eüe pour les grandes & pour les essentielles. D'ailleurs il est tres-certain que la suite des temps, les instrumens de Mathematique pour l'observation des astres, les microscopes, la chimie, les dissections frequentes des animaux, pour connoistre leur construction & quantité d'autres arts modernes ont contribué à découvrir bien des secrets dans la nature qu'Aristote n'a pû connoistre: & l'on doit luy faire justice sur ce qu'il a ignoré ces secrets, faute de ces secours. Si Ptolomée, Jules Cesar, Sosigenés, Clavius, & quelques modernes ont trouvé dans la suite des temps des erreurs dans la supputation que les anciens astronomes ont fait du cours de la Lune, du Soleil, & des autres astres où l'on se trompe si peu: doit-on s'estonner si l'experience a fait découvrir des fautes dans Aristote en des matieres où l'on se trompe toûjours, par l'incertitude de leur fond.

Il y a d'autres fautes plus essentielles qu'on luy reproche, comme l'impossibilité de la creation par l'établissement de son principe, qu'*il ne se fait rien de rien* ; que le monde est eternel, que la Providence de Dieu est tellement bornée aux choses celestes, qu'elle ne s'estend point à ce qui est au dessous de la Lune, que la matiere a un desir & un empressement naturel de se perfectionner par la forme ; & enfin cette imagination de l'éduction des formes materielles de la matiere, qui est si incomprehensible à tous les Physiciens. Mais il ne seroit pas difficile de répondre à tous ces reproches qu'on fait un peu injustement à Aristote : si l'on s'estoit bien mis dans la teste de le faire passer pour tout-à-fait irreprehensible : ce que je ne pretend point du tout. Car premierement pour ce principe qui détruit la creation ; il est évident qu'Aristote ne l'a crû que pour la generation ordinaire des estres naturels. Secondement pour l'eternité du monde, il est assés probable que dans le fond il ne le pensoit pas : puis qu'il en fait un probleme dans ses Topiques : ou s'il l'a pensé, il a pû se méprendre sur l'eternité des Cieux, qu'il prouve par leur incorruptibilité : n'y ayant point reconnu de qualités corruptibles comme il s'en est trouvé depuis. En troisiéme lieu, s'il n'a pas crû la providence telle qu'elle est en effet, on ne doit pas s'en estonner ; n'ayant pas eü la Foy, sans laquelle on ne parle, ny mesme on ne pense jamais bien de Dieu, comme il faut. Pour le desir qu'a la matiere de sa perfection, on ne doit pas imputer à Aristote ce que ses commentateurs luy font quelquefois dire de trop fort ou de trop foible : on ne sçait que trop que les Arabes ont commencé les premiers à gaster sa doctrine par de fausses explications ; ce qui doit s'entendre aussi de cette éduction des formes de la matiere, qu'on a imputée à Aristote aussi-bien que la prémotion physique dans les choses morales, à quoy Aristote n'a jamais pensé, quoy qu'il l'ait creüe necessaire comme elle l'est en effet dans la physique. Il resteroit bien des choses à dire de ce grand homme, que je suis obligé de laisser : parce qu'apres tout il faut finir, & voir enfin quelle utilité on peut tirer de tout ce grand discours par les reflexions suivantes.

1. ON n'aura sans doute pas de peine, aprés ce que je viens de dire dans tout ce discours, à convenir que jamais la raison humaine n'a paru dans toute sa force naturelle, plus que dans Platon & dans Aristote : il est vray qu'ils ont tellement aprofondy par l'effort de leur esprit, les abysmes les plus impenetrables de la nature, qu'il semble que rien ne soit échapé à leur veüe. Combien toutefois remarque-t-on de fausseté dans leurs lumieres, & d'égarement dans leur conduite ? Mille siecles & mille vies ne produiront jamais rien d'approchant à l'étendüe presque immense de leur capacité : & aprés qu'ils se sont mépris en tant de choses, ne seroit-ce pas une presomption effroyable aux esprits mé-

Ch. dern.

Quelques reflexions Chrestiennes sur ce discours.

diocres de croire qu'ils ne sont pas capables de se méprendre? peut-on voir la foiblesse de la raison qui a paru si consommée dans ces grands hommes, sans du moins se défier de la sienne?

2. Rien ne fait mieux comprendre cette foiblesse de l'esprit de l'homme, que ce que nous lisons des Egyptiens: c'estoient les peuples les plus sages, les plus éclairés & les plus intelligens de tous les peuples. Toute la terre rendoit hommage à leur science: & dés qu'on se piquoit de sçavoir quelque chose on alloit en Egypte pour s'en instruire: & les Grecs ne commencerent à devenir sçavans que par les conferences qu'ils eûrent avec ces peuples. Ils avoient mesme l'ame si grande, de si grands desseins, & de si grandes pensées, que leurs Roys faisoient des bastimens d'une magnificence qui a surpassé tout ce qu'on a vû dans le reste du monde. Un de leurs Princes fit bastir une pyramide proche de Memphis, à laquelle il fit travailler plus de trois cens mille hommes l'espace de vingt

Plin. hist. nat. l. 36. c. 12.

ans. Toutefois avec ces lumieres dont ces peuples avoient l'esprit plein, & avec cette grandeur d'ame, à quelles extravagances de superstition ne se sont-ils pas laissé emporter en matiere de Religion, en s'abaissant à un culte grossier des divinités les plus ridicules qu'on se puisse imaginer? Tant il est vray que la raison toute seule doit estre peu écoutée, quand il s'agit de Dieu & de la Religion.

3. La pureté & la delicatesse de nôtre Foy est si grande, qu'elle ne peut souffrir qu'on mesle ses lumieres avec celles de la raison. Origene devint Heretique pour s'estre trop opiniastré à soûtenir la doctrine de J. C. par la Philosophie de Platon: & Tertulien ne tomba dans l'erreur des Montanistes, que par trop d'attachement à la Morale des Stoïciens, qui luy inspira cet esprit de severité, & qui le perdit. Ce fut aussi ce qui rendit la Philosophie de Platon & d'Aristote si suspecte aux premiers Chrêtiens, par les desordres qu'elles causerent à ceux qui s'y attacherent trop. Il ne faut que de la soûmission

& de la docilité au Chrestien, & la Philosophie profane n'inspire que de l'orgueil & de la presomption. Nostre Religion ne seroit pas surnaturelle & divine comme elle est : si elle estoit capable de mesler ses lumieres à celles de la raison, pour les y assujettir.

4. Si les principes de la Philosophie païenne toute sage & toute esclairée qu'elle estoit, ont paru autrefois trop foibles pour entrer en quelque sorte de commerce avec les lumieres de nostre Foy : quel jugement doit-on faire de celles de tant de petits esprits, qui se piquent de raisonner sur tout, & qui n'ont pas encore bien commencé à connoistre ce que c'est que la veritable raison. Il a falu une longue suite de siecles, pour rectifier par bien des épreuves l'usage de la Philosophie d'Aristote, & pour la faire servir indirectement à nostre Foy : & un libertin qui ne fait que de naistre, & qui n'a jamais rien vû, aura l'insolence de soûmettre à son petit sens ce qu'il y a de plus relevé & de plus incomprehensible dans nostre religion.

5. Tous les Philosophes anciens les plus sçavans ont crû ne rien sçavoir. En effet, l'incertitude des sens qui sont si trompeurs, les obscurités naturelles de l'esprit de l'homme, les foiblesses de son cœur, l'éducation, la coûtume, l'opinion, le tumulte ordinaire des passions, & les préoccupations que personne n'a la force de surmonter, détruisent si fort tous les vestiges de la verité qui restent en l'homme, que les secrets les plus communs de la nature paroissent inconcevables aux plus habiles & aux plus sçavans. Le fil d'une araignée nous embarasse, l'art d'un ver à soye ou d'une abeille nous passe : une mouche, une fourmy sont des mysteres à nostre ignorance : enfin l'esprit de l'homme ne connoist rien parfaitement des moindres choses qui se peuvent connoistre dans la nature : & il a la presomption de s'élever dans le Ciel, & de s'eriger un tribunal au dessus du tribunal de Dieu pour penetrer dans ses secrets, & pour juger ce qu'il y a de plus difficile à comprendre dans sa nature.

Omnes veteres nihil cognosci nihil percipi, nihil sciri posse dixerunt, angustos sensus imbecillos animos brevia curricula vitæ &c. Cic. quæst. academic. l. 1.

Non decet humano judicio divina pensitari. Tertul.

6. On ne voit rien de certain dans

les choses les plus exposées à nos veuës : on ne sçait pas mesme bien précisement si la terre sur laquelle nous marchons remuë sous nos pieds, & si le Ciel est en repos sur nos testes. Apres tant de livres écrits sur cette question, & depuis présde deux mille ans qu'on en dispute, l'on ne peut en convenir : & nous pretendons connoistre ce qu'il y a de plus caché à nos yeux, & de plus inaccessible à nos esprits. Un homme ne peut juger des pensées d'un autre homme, sans se méprendre, & il osera pretendre juger de celles de Dieu, & penetrer ses secrets sans se tromper. Nous nous laissons surprendre à tout dans les jugemens que nous faisons des choses : c'est la crainte, c'est le desir, c'est l'inclination, c'est l'interest qui nous previent & qui nous entraîne : & nos sens font mesme si sujets à se tromper dans les choses les plus sensibles, que nous ne pouvons nous fier à eux dans celles qui ne le font pas, sans estre tout-à-fait déraisonnables.

Quod est ante pedes nemo videt : & celi scrutamur plagas. ex Pacuvio.

7. De toutes les verités naturelles la plus profondément gravée dans le

cœur de l'homme est l'existence de Dieu: tout ce qui paroist à nos yeux en persuade nos esprits: il n'y a rien dans la morale où il se trouve une plus grande conformité de sentimens: tous les temps, toutes les nations, toutes les écoles en conviennent. Platon & Aristote les plus sçavans de tous les Philosophes ont reconnu cette verité au travers des tenebres du Paganisme: l'un & l'autre en ont donné des demonstrations qui ont esté receuës de toute la posterité. Platon a prouvé l'existence d'un estre souverain par l'idée de l'ouvrier qui a fait le monde, lequel est d'ouvrage d'une intelligence: comme on prouve l'existence de l'architecte par celle du palais qu'il a basty. Et Aristote a prouvé un Dieu par la necessité d'un premier moteur. C'est une des demonstrations qu'Avicenne a trouvé la plus évidente dans Aristote, qu'il commence à ce qu'il prétend à la fin du huitiéme livre de la Physique, & qu'il conclut à la fin du douziéme livre de la Metaphysique. Les plus grands genies de l'antiquité Pythagore, Hippocrate, Socrate, Theophraste, Galien qui ont estudié la nature avec plus de soin, n'ont pû y comprendre l'ordre & l'œconomie des choses, sans y comprendre un Dieu. Enfin cet assemblage de raisons si solides qui se soûtiennent les unes les autres, la pureté de la morale chrestienne, la grandeur de nos mysteres, la sainteté de nos ceremonies, l'Ecriture sainte, l'accomplissement de toutes les propheties de l'ancien Testament, le sang de tant de Martyrs, la succession de saint Pierre, le consentement des hommes les plus sages & les plus sçavans qui ayent jamais esté, autorisent cette verité, qui n'est contestée que par des esprits corrompus par la sensualité, la présomption & l'ignorance.

8. Cette verité paroist encore plus évidente par l'extravagance de la creance qui luy est opposée. Car il n'y a rien de plus monstrueux dans la nature que l'atheisme, c'est un déreglement d'esprit conceû dans le libertinage : ce ne sera point un homme sage, reglé, raisonnable qui s'avisera de douter de la Religion. Ce

sera un petit esprit enflé du succés d'un Sonet ou d'un Madrigal, lequel luy aura reüssi dans le monde ; qui croira sottement qu'il est plus beau de douter de la Religion que de s'y soûmettre. Ce sera un débauché, qui n'a jamais eû la teste assés libre, ny l'esprit assés net, pour juger sainement d'aucune chose. Ce sera un courtisan qui n'a jamais rien estudié à fond, & qui ne sçait que quelques Chapitres de Montagne, ou quelques periodes de Charon. Ce sera un faux sage, qui n'a de prudence & de conduite, que pour sauver habilement les apparences, bien faire son personnage, & joüer parfaitement la Comedie : Ce sera une femme enyvrée de son merite, & abandonnée à son plaisir, qui n'a d'esprit que celuy qu'elle s'est fait de son libertinage. Enfin, tout ce qu'il y a de corruption de mœurs, de foiblesse de raison, & de déreglement d'esprit dans le monde ; resiste à ce que la Foy nous enseigne de Dieu & de son existance : pendant que la probité, le bon sens, l'équité & la solidité de jugement, se soûmettent à cette creance. Y a-t-il de l'apparence que ceux dont les esprits sont les plus déreglés, & les cœurs les plus corrompus, soient plus intelligens & plus éclairés dans les choses de la Religion, que ceux dont les mœurs sont les plus saintes & les plus irreprochables.

Est in ipsis rebus obscuritas & in judiciis nostris infirmitas. Cic. quæst. Acad. 4.

9. L'homme n'est de luy-mesme que foiblesse, & qu'ignorance : le libertin est plus ignorant & plus foible que les autres hommes, parce qu'il est plus passionné & moins appliqué : la Religion est de sa nature & par son caractere quelque chose d'obscur & de caché : ce sont trois raisons capables de reprimer la temerité des jugemens de l'impie, ou d'en suspendre du moins la precipitation & la legereté.

10. Il est vray que c'est une des insolences de l'esprit humain, de nier plûtost ce qu'il ne comprend pas, que d'avoüer avec soûmission & modestie ce qu'il ignore. Mais que deviendront toutes les verités naturelles, qui nous paroissent inconcevables : si ce qui est incomprehensible n'est pas veritable ?

Aprés tout, cette incredulité est un effet de la vanité de l'homme plûtost que de sa foiblesse & de son ignorance : & cette vanité luy renverse si fort le sens : qu'un libertin croit se faire un merite de condamner ce que les autres approuvent : & dés qu'on s'est mis dans la teste qu'il y a de la honte à croire sans raisonner : on s'imagine aisément qu'il est du bel air & du bel esprit, de nier sans façon, ce que tout le monde croit.

11. L'homme si libre, si indépendant, si fier, trouve toutefois dans le fond de son cœur une pente si naturelle, & une inclination si forte à reconnoistre au dessus de luy un estre souverain, & d'en avoir de la dépendance, qu'il ayme mieux se faire des Dieux ridicules & impertinens, quand il n'a pas assés de lumiere pour connoistre le veritable, que de vivre sans cette dépendance. Il s'abaisse mesme jusques à adorer des bestes, luy qui en est le maistre : dés qu'il y reconnoist quelque chose de bien-faisant, & une ombre de divinité. Ce consentement si gene-

ral de tous les peuples, dont il ne s'eſt jamais trouvé aucun ſans la creance d'un Dieu, eſt un inſtinct de la nature qui ne peut eſtre faux, eſtant ſi univerſel. Et ce ſeroit une ſotiſe d'écouter ſur cela le ſentiment de deux ou trois libertins tout au plus, qui ont nié la divinité dans chaque ſiecle, pour vivre plus tranquillement dans le deſordre.

12. Eſt-il croyable que ce ſentiment ſi univerſel, & ſi fort imprimé dans la nature, ſoit une illuſion ? Quoy ces terreurs dont les conſciences les méchans ſont tourmentées, ces tremblemens & ces craintes qui accompagnent les crimes; cette ſainte horreur qu'on reſſent quand on approche des lieux où il y a quelque veſtige de ſainteté; ces ſentimens ſi tendres que les bonnes ames goûtent dans la pratique de la vertu, ſont-ce de vaines images, & des effets tout purs de l'imagination ? le plaiſir qu'on a de faire ſon devoir, eſt-ce un faux plaiſir, & la joye d'une bonne conſcience, eſt-ce une fauſſe joye ?

13. Que peut opoſer un libertin à

ce consentement si general de tous les temps & de tous les peuples, pour balancer cette croyance ? Quelle raison assés évidente peut-il avoir du contraire; luy de qui toute la raison pour soûtenir son impieté n'est qu'un pur doute conceû d'ordinaire dans la débauche, & dont tous les raisonnemens ne peuvent aller qu'à former un embarras confus d'idées tout-à-fait insupportable à un homme de bon sens ? Car quand on veut s'opiniastrer à ne pas croire ce qui paroist croyable à tous les autres : on s'engage quelquefois à croire ce qu'il y a dans le monde de plus incroyable. Parce que le cœur & l'esprit de l'homme ne sentent plus rien, dés qu'ils sont insensibles à cette impression generale, que la creance d'un Dieu fait sur la nature : & cette impression ne peut estre fausse, comme j'ay déja dit, dés qu'elle se fait sentir à tout le monde.

14. Le plus grand honneur que l'homme puisse rendre à Dieu est de fléchir son esprit sous le poids de son autorité, & de croire ce qu'il dit, parce que c'est luy qui le dit: tout l'hon-

neur qu'on est capable de luy rendre est renfermé dans cette soûmission, qui porte le caractere du plus grand respect de l'homme à l'égard de Dieu. C'est ainsi que les disciples de Pythagore honoroient leur maistre: on recevoit toutes ses réponses comme des decisions, & l'on ne doutoit plus, dés qu'il avoit parlé. Si nous estions Chrestiens, comme les disciples de Pythagore estoient Pythagoriciens, qui non seulement croyoient avec une soûmission parfaite ce que leur maistre leur disoit: mais mesme qui se firent brûler avec luy: nous serions plus gens de bien que nous ne sommes : & il semble que Jesus-Christ le meriteroit de nous, bien mieux que Pythagore ne l'avoit merité de ses disciples.

15. Quand cette barriere de la Foy est rompuë, l'esprit de l'homme n'a plus de bornes qui l'arrestent. C'est la Foy qui peut elle seule fixer l'inquietude naturelle de sa curiosité. Sur quel principe se peut-il former les mœurs, quand celuy-là est renversé ? Toutes les lumieres qu'il peut

peut tirer de l'experience, de la coûtume, de l'éducation, & des connoissances naturelles luy deviennent inutiles : son esprit ne luy sert plus qu'à l'embarasser davantage : & quand on ne se pique d'autre chose que d'estre raisonnable, sans soûmettre sa raison à la Foy : la raison est toûjours moins écoutée que la sensualité & la passion.

16. Les Philosophes, sur tout les Physiciens, les Chimistes, les Geometres & les Medecins pour accoûtumer trop leur esprit à des connoissances palpables, sensibles, & évidentes le rendent mal propre aux soûmissions de la Foy. On se gaste par la Philosophie quand on raisonne trop, & quand on veut faire entrer ses raisonnemens en toutes choses.

17. Il faut bien sçavoir distinguer les connoissances des choses par leurs principes, c'est à dire connoistre les choses sensibles, par le sens, les intellectuelles par la raison, les divines & les surnaturelles par la Foy. On ne peut confondre ces regles, sans se mettre dans le desor-

dre, & cette confusion est la source du libertinage. On applique la regle du sens aux choses purement de raison, & la regle de la raison aux choses qui sont purement de Foy. Platon ne confond point cette regle, comme il paroist dans le Timée, où il dit, *qu'il ne faut pas raisonner sur les choses de Dieu; qu'il les faut croire.* On ne se trompe jamais, quand on ne fait point de faux usages de ces principes, qu'il faut observer par necessité, quand on veut juger sainement des choses & en parler correctement.

18. Ce calme des passions, cette tranquillité des desirs, cette paix imperturbable du sage, que les Payens ont vainement recherchée, ne se trouve que dans la Morale Chrestienne. La probité qu'elle enseigne est quelque chose de si réel & de si solide : que s'il est vray que l'équité vaut mieux que l'injustice, la fidelité que la perfidie, les bonnes mœurs que les perverses & les méchantes : comme il est aussi vray qu'un & un sont deux ; la Religion Chrestienne qui fait profession de

toutes ces vertus & qui condamne tous ces vices, plus que les autres religions, est aussi la plus solide, & la plus parfaite, & la plus veritable de toutes les Religions.

19. Nostre Religion s'acommode mieux de la Philosophie d'Aristote que des autres, parce qu'elle est la plus raisonnable. D'où il paroist qu'il faut que nostre creance soit la veritable sagesse : puisque non seulement elle est parfaitement conforme à la raison ; mais mesme qu'elle ne peut s'acommoder que de la plus excellente de toutes les sagesses humaines, qui est la Philosophie d'Aristote.

20. Platon a fait le plan du gouvernement le plus parfait en idée, & le plus accomply qui fut jamais : ce plan n'a esté suivy de personne, & l'idée de cette politique si admirable n'a jamais pû estre pratiquée. Pendant que les Disciples de Jesus-Chr. qui estoient des gens sans lettres, sans force, & sans autorité, ont renversé ce qu'Athenes, Rome, & tout l'univers avoit crû. Ils ont fait une nouvelle Religion pour laquelle tant

de Martyrs ont répandu leur sang; & qui a esté embrassée de tout le monde, quoy qu'elle parut d'abord si opposée au sens & à la politique mondaine.

21. Dans la profession qu'on fait, ou qu'on doit faire de la Philosophie, il y a deux extrémités à éviter, l'une de ne prendre aucun party, & l'autre de prendre indiferemment toutes sortes de partis, toutes deux également blâmables. Il y a de l'inconvenient à s'attacher à une Philosophie, & à suivre une opinion, ou par hazard ou par engagement de vie, par l'habit qu'on porte, ou par la cabale dont on est : parce que c'est s'attacher à la raison, non pas par elle-mesme : mais par la couleur ou la figure, sous laquelle elle paroist. On s'expose par cette conduite à la raillerie que Ciceron faisoit des Philosophes de son temps; *qui s'attachoient*, dit-il plaisamment, *au party où l'orage les avoit portés; comme l'on s'attache après le naufrage à un rocher où l'on a esté poussé par la tempeste.* Mais il y a du peril à ne s'attacher à aucune opinion, ou par

Ad quamcunque disciplinam velut tempestate delati, ad eam tanquam ad saxum adhærescunt. *Cic. quæst. Acad.* 4.

dureté de creance, ou par la délicatesse d'esprit: parce que ne s'attacher à rien, est une disposition à douter de tout. C'est pour cette raison que les plus extravagans de tous les Philosophes sont les Pirrhoniens & les Sceptiques, qui par une sotte vanité qu'ils se font de ne rien croire, & par une ridicule fausseté d'esprit, aiment mieux errer d'opinions en opinions, que de s'arrester à quelque chose de réel & de solide.

22. La Philosophie qui n'ayde pas l'homme à estre raisonnable est une fausse Philosophie : & la raison qui ne rend pas l'esprit docile & soûmis, est une fausse raison : la Foy de celuy qui raisonne le moins est la plus pure & la plus veritable ; & un simple Villageois qui a de la soûmission & de la docilité pour les choses de la Religion, est preferable à Platon & à Aristote, au jugement de Dieu mesme : si l'on veut s'en rapporter à cet aveu si desavantageux aux grands esprits, & à cette confession si soûmise que fit autrefois JESUS-CHRIST à son Pere avec un si grand sentiment de pieté & de

joye, en luy rendant des actions de graces d'en avoir usé ainsi : tant il est vray que la hauteur des pensées de Dieu est bien éloignée de la bassesse des nostres.

Confiteor tibi pater Domine cæli & terræ, quia abscondisti hæc à sapientibus & prudentibus, & revelasti ea parvulis. Matth. cap. 11. vers. 25.

FIN.

www.ingramcontent.com/pod-product-compliance
Lightning Source LLC
Chambersburg PA
CBHW070755170426
43200CB00007B/789